[台州小微金融改革系列丛书]

TAIZHOU

XIAOWEI JINRONG FAZHAN BAOGAO

台州小微金融发展报告（2020）

浙江（台州）小微金融研究院
厦门大学数据挖掘研究中心 ◎ 编

中国金融出版社

责任编辑：张菊香
责任校对：张志文
责任印制：张也男

图书在版编目（CIP）数据

台州小微金融发展报告.2020/浙江（台州）小微金融研究院，厦门大学数据挖掘研究中心编. —北京：中国金融出版社，2021.2
ISBN 978-7-5220-0987-2

Ⅰ.①台… Ⅱ.①浙…②厦… Ⅲ.①中小企业—金融—研究报告—台州—2020 Ⅳ.①F279.243

中国版本图书馆 CIP 数据核字（2021）第 010732 号

台州小微金融发展报告（2020）
TAIZHOU XIAOWEI JINRONG FAZHAN BAOGAO（2020）

出版
发行　中国金融出版社
社址　北京市丰台区益泽路 2 号
市场开发部　（010）66024766，63805472，63439533（传真）
网上书店　http://www.chinafph.com
　　　　　（010）66024766，63372837（传真）
读者服务部　（010）66070833，62568380
邮编　100071
经销　新华书店
印刷　保利达印务有限公司
尺寸　169 毫米×239 毫米
印张　11
字数　160 千
版次　2021 年 2 月第 1 版
印次　2021 年 2 月第 1 次印刷
定价　46.00 元
ISBN 978-7-5220-0987-2
如出现印装错误本社负责调换　联系电话（010）63263947

《台州小微金融改革系列丛书》
丛书编委会

徐良平　李钧敏　邱泓量　陈　曦　叶维增
王去非　曹光群　黄军民　王官明　杨小波
张仕乾　吕樟英　周巩政　金时江　杨耿彪

本书编写人员：

王呈斌　方匡南　陈　笙　张庆昭　熊俊玮
毛　凌　胡　巧　张齐航　陈子怡

序　言

　　小微企业是经济新动能培育的重要源泉,在推动经济增长、提供就业机会、激发创新活力等多个方面都发挥着重要作用,也是大众创业、万众创新的载体。但近年来,国内外经济形势复杂,"经营难、融资难"的问题正限制着小微企业的创新与活力。为解决这一问题,我国正积极推动金融供给侧结构性改革,不断深化小微企业金融服务,并增强金融服务实体经济的能力,大力发展经济建设,早日建成小康社会。

　　台州市民营经济占比95%以上,贡献了台州市90%以上的生产总值和80%的就业岗位,形成了独具特色的"台州现象",成为全国小微企业金融服务改革创新试验区,是小微企业发展的"名片城市"。台州市充分发挥"有为政府"和"有效市场"的作用,具有较强的实践意义和行业典型性,其他城市及地区在发展小微金融服务过程中可以充分借鉴其经验与成果。

　　本书以台州市小微金融服务为重点,依托台州市金融服务信用信息共享平台及小微指数的关键数据,采用大数据的研究方法,全方位、多角度地分析和总结了台州发展小微金融服务过程中的特色、亮点与不足。具体地,我们做了以下工作:(1)概述了台州小微金融的发展历程和成效,界定了金融创新、绿色金融、金融科技等概念及台州小微金融改革前后的重大变化;(2)从小微企业和小微金融服务两个视角,以大数据为支撑,分析了台州小微金融服务的发展状况,得出台州小微企业稳定发展与小微金融服务成果显著这一结论;(3)结合案例与成功经验,介绍了台州小微金融多层次服务体系,总结了台州金融体系在金融服务过程中发挥的重要作用；(4) 结合台州案例样本对小微金融指数进行说明，并论述了小微金融指数在金融服务发展过程中起到的指导性作用；(5) 以台州小微金融风险控制模式和政策支持体系为例，分析了风险控制与政策体系对金融事业发展的重要支持；(6) 针对台州小微金融现存问题提出改进思路与建议。

目　　录

第一章　台州小微金融概况 ... 1
一、顺势而为：台州小微金融辉煌发展四十年 ... 3
二、创新引领：台州小微金融再创佳绩 ... 4
三、齐头并进：台州农村金融欣欣向荣 ... 8
四、与时俱进：科技+绿色助力台州小微金融多元发展 ... 10
五、见贤思齐：推广小微金融台州模式 ... 12
六、致远任重：台州小微金融仍将砥砺前行 ... 14

第二章　台州小微金融服务发展状况 ... 15
一、台州小微企业生存现状 ... 15
二、台州小微企业信贷供给 ... 29
三、台州小微金融服务主体和规模 ... 33
四、台州小微金融信贷服务与产品特色 ... 37
五、台州小微金融总体信贷风险 ... 39

第三章　台州小微金融多层次服务体系 ... 43
一、普惠金融组织体系 ... 43
二、信贷管理机制 ... 49
三、创新信贷产品服务 ... 55
四、票据、债券、股权市场融资服务 ... 62
五、天使投资和创业投资 ... 65
六、金融科技运用 ... 66

第四章　小微金融指数（台州样本） ………………………………… 72
　　一、小微金融指数（台州样本）的构建 ……………………… 72
　　二、小微金融指数（台州样本）的运行 ……………………… 77

第五章　风险控制模式 …………………………………………………… 84
　　一、建立风险分担机制：促进小微企业融资增信 …………… 85
　　二、推进征信体系建设：提升小微企业信贷可得性 ………… 93
　　三、创新服务模式：坚持服务小微企业定位 ………………… 97

第六章　政策支持体系 …………………………………………………… 102
　　一、国务院相关政策 …………………………………………… 102
　　二、监管部门相关政策 ………………………………………… 104
　　三、政策体系之下的"台州模式" ……………………………… 107

第七章　台州小微企业金融服务总结与建议 ………………………… 109
　　一、存在的主要不足 …………………………………………… 109
　　二、完善台州小微企业金融服务的政策建议 ………………… 111

结束语 …………………………………………………………………………… 116

参考文献 ……………………………………………………………………… 117

附录 A　统计上大中小微型企业划分标准 ……………………………… 119

附录 B　台州市金融服务信用信息共享平台 …………………………… 121
　　一、信息平台简介 ……………………………………………… 121
　　二、信息管理流程 ……………………………………………… 124

三、数据共享模式 ………………………………………… 128
四、模式比较分析 ………………………………………… 133
五、助力"小微金改" ……………………………………… 135
六、启示 …………………………………………………… 143

附录 C 台州信保中心 ………………………………… 146
一、台州信保中心案例介绍 ……………………………… 146
二、台州信保中心运作机理 ……………………………… 152
三、成效分析 ……………………………………………… 157
四、启示 …………………………………………………… 164

第一章　台州小微金融概况

小微企业是小型企业、微型企业、家庭作坊式企业的统称。根据工业和信息化部、国家统计局、国家发展改革委、财政部联合发布的《关于印发中小企业划型标准规定的通知》（工信部联企业〔2011〕300号），国家统计局以《国民经济行业分类》（GB/T F4754—2017）为基础，结合统计工作的实际情况，制定《统计上大中小微型企业划分办法（2017）》。该《办法》适用于在中华人民共和国境内依法设立的各种组织形式的法人企业、单位或个体工商户。该《办法》依据15个行业门类与社会工作行业大类分别制定不同的划分标准，依据从业人员、营业收入、资产总额等指标或替代指标，将我国的企业划分为大型、中型、小型、微型共四种类型（见表1–1）。

表1–1　统计上大中小微型企业划分标准（节选）[①]

行业名称	指标名称	计量单位	大型	中型	小型	微型
农、林、牧、渔业	营业收入（Y）	万元	Y≥20 000	500≤Y<20 000	50≤Y<500	Y<50
工业*	从业人员（X）	人	X≥1 000	300≤X<1 000	20≤X<300	X<20
	营业收入（Y）	万元	Y≥40 000	2 000≤Y<40 000	300≤Y<2 000	Y<300
建筑业	营业收入（Y）	万元	Y≥80 000	6 000≤Y<80 000	300≤Y<6 000	Y<300
	资产总额（Z）	万元	Z≥80 000	5 000≤Z<80 000	300≤Z<5 000	Z<300
批发业	从业人员（X）	人	X≥200	20≤X<200	5≤X<20	X<5
	营业收入（Y）	万元	Y≥40 000	5 000≤Y<40 000	1 000≤Y<5 000	Y<1 000
零售业	从业人员（X）	人	X≥300	50≤X<300	10≤X<50	X<10
	营业收入（Y）	万元	Y≥20 000	500≤Y<20 000	100≤Y<500	Y<100

注：带"＊"项为行业组合类别，如工业包括采矿业、制造业、电力、热力、燃气及水生产和供应业。

[①] 全表详见附录A。

2016年，台州市金融办发布《"小微金融"之冰山模型》，以"小微金融"（Microfinance）一词概括国际上为收入贫困阶层发放小额贷款的小型金融机构。随着金融业的发展，各类金融机构也都介入小额贷款的业务中，因此国内学术界和金融界将"小微金融"的定义扩展至正规金融机构和民间金融组织对中小微企业、个体工商户、城乡社区居民的金融支持和金融服务。

党中央、国务院历来高度重视小微企业金融服务工作，习近平总书记在民营企业座谈会上强调，要优先解决民营企业特别是中小企业融资难甚至融不到资的问题，同时逐步降低融资成本。李克强总理主持召开国务院常务会议，研究部署深化小微企业金融服务，强调各有关方面要形成合力，下大力气推进降低小微企业融资成本工作，让企业真正得到实惠。

台州地理位置优越，小微金融发展迅速。2015年12月2日，国务院常务会议决定以台州市为立足点，在台州建设国家级小微企业金融服务改革创新试验区，为全国探索可复制、可推广的法人小微企业金融服务经验。经过四年的发展，台州把握住发展小微金融的黄金时期，顺势而为，在小微企业金融服务探索与实践中取得了丰硕成果。2019年6月13日，刘鹤副总理在杭州调研中小银行服务实体经济情况并主持座谈会，高度肯定了以"专注实体、深耕小微、精准供给、稳定运行"为主要特征的小微金融服务"台州模式"，并指示"要认真总结和推广"，"组织全国银行到台州学习经验做法"。

台州历史悠久，文化源远流长，地处浙江"南北中心点、海陆交界处"，是长三角城市群26个城市之一，是21世纪海上丝绸之路的重要节点城市，也是独具魅力的"山海水城、和合圣地、制造之都"，经济综合实力居浙江第二方阵。台州试验区自建设以来，坚持金融服务实体经济这一本源，充分发挥"有为政府"和"有效市场"作用，致力于推动金融供给侧和企业需求侧的匹配，取得了一系列基础性、关键性、首创性的改革创新成果，有效缓解了小微企业融资难、融资贵问题，形成了以"专注实体、深耕小微、精准供给、稳健运行"为主要特征的小微金融"台州模式"。该模式具有较强的可复制和可推广性，在全国范围内产生了广泛的影响，故台州获得了小微金融"全国看浙江、浙江看台州"的美誉。接下来，我们将重点总结台州小微金融的发展历程和概况。

一、顺势而为：台州小微金融辉煌发展四十年

台州是中国民营经济发祥地、股份合作经济发源地和市场经济先发地，改革开放以来创造了以"民营主导＋政府推动"为主要特征的"台州现象"。民营经济的发展壮大，不仅积累了充沛的民间资本，形成了浓厚的创业创新氛围，也孕育了小微企业和小微金融的鲜明特色。

20世纪80年代，小微金融崭露头角。1982年，台州出现全国第一家股份合作制企业，掀起了中小型企业的发展热潮。台州民营经济的发展直接带动了民间资本的迅速积累，促进了民间金融快速发展。成立初期的地方金融机构产权明晰、经营机制灵活，确定了服务小微企业的市场定位，以"地缘、亲缘、人缘"为主滚动积累客户，以熟人的"信誉机制"降低风险和交易成本，较为有效地解决了中小企业的资金需求，同时也推动了金融机构发展壮大。但由于缺乏合规的制度与严格的管理，民间借贷纠纷普遍且严重。

20世纪90年代，小微金融稳中有进。针对城市信用社经营不规范、定位不准确等问题，国务院积极清理整顿，组建城市合作银行。中共台州市委、台州市人民政府反复论证，确定推行符合台州实际情况的市场策略，保留台州市银座城市信用社、台州市泰隆城市信用社等城市信用社。其间，民营经济平稳发展，小微经济的规模、质量与水平不断提高。

千禧年代，小微金融快速发展。2006年台州市城市商业银行、农村商业银行推行村镇银行跨区域发展战略，为台州小微金融带来了更多发展机遇。台州小微金融经历跨县发展、跨市发展和跨省发展三个阶段后，进入了快速发展时期。凭借小微金融改革的出色表现，2012年台州市被列入浙江省小微金融改革创新示范区。自此，台州小微金融从金融系统创新向区域集成创新演进，通过小微金融服务全产业链创新，延长了金融服务的价值链，进一步增强了金融业服务实体经济的能力，有效促进了小微企业提质升级。2014年，中共台州市委、台州市人民政府建立金融服务信用信息共享平台，建立小微企业信用保证基金；2015年，设立小微金融研究院，开发小微金融指数，有

效帮助小微企业解决生存难题。

迈向 2020，小微金融变"试验"为"示范"。2015 年底，台州由省级示范区提升为国家级小微企业金融服务改革创新试验区。2017 年初，试验区一周年工作情况得到马凯副总理批示肯定。2017 年 9 月，浙江省金融办在全省推广台州小微金融改革经验。2017 年 11 月召开的全国小微企业金融服务电视电话会议上，台州作为唯一地级市作了经验介绍。2018 年 4 月，台州小微金融改革成果在中央改革办《改革情况交流》上作全面推广，得到省委书记车俊批示肯定。2018 年 5 月中央电视台《走遍中国》栏目播出《台州小微金融上高速》。2018 年 12 月，台州小微金融改革获浙江省"十佳创新奖"。2019 年 4 月，中国人民银行研究局、浙江省地方金融监管局、中国人民银行杭州中心支行组织开展试验区建设中期评估，认为台州试验区建设总体进展顺利，已取得了阶段性改革成果，达到了试验区改革的预期目标。2019 年 6 月 25 日，中国银保监会在浙江省台州市组织召开"不忘初心、牢记使命"小微企业金融服务经验现场交流会，总结了以台州中小银行为代表的服务小微企业典型经验。刘鹤副总理也在调研期间高度肯定了台州取得的成就，赞赏了"台州模式"，并指示积极推广各地借鉴学习。至今，台州市民营企业占企业总数的 99%，民营经济占比 95% 以上，贡献了台州市 90% 以上的生产总值和 80% 的就业岗位。

二、创新引领：台州小微金融再创佳绩

依托"草根银行"、大数据、共享平台等新兴金融热点，台州市抓住时代契机，取得小微金融服务的新突破。2019 年，全市金融业保持平稳增长，实现增加值 371.54 亿元，占全市地区生产总值比重为 7.24%，占第三产业增加值比重为 14.79%。截至 2019 年 12 月末，全市银行业各项存款余额为 9 457.39 亿元，同比增长 11.02%，较年初增加 934.14 亿元；各项贷款余额为 8 543.19 亿元，同比增长 16.17%，较年初增加 1 112.25 亿元；银行资产质量良好，全市银行业不良贷款余额为 70.58 亿元，不良贷款率为 0.82%。

作为全国小微企业金融服务改革创新试验区,台州市近年来实行了一系列首创性、关键性的改革创新举措,逐步探索出了一套独具特色的小微企业金融服务"台州模式",展现了台州小微金融的新风貌。

(一)"三驾马车"并驾齐驱,小微金融日新月异

坚持需求导向,强化服务意识,充分考虑小微企业多元化金融需求,有针对性地加快金融组织、产品和服务方式的创新。

近年来,台州市积极发挥试验区优势,发展由城乡信用社改制而来的台州银行、浙江泰隆商业银行和浙江民泰商业银行,形成"一城三商行"的格局,如图1-1所示。此举在全国地级市中独一无二,成为台州市小微金融的头号名片。经营理念上三家银行坚持零售化经营和社区化服务,客户经理主动进驻社区开展贴身服务,放低姿态,变"坐商"为"行商",亲力亲为做生意,为民营银行发展打开新局面。

图1-1 台州市"一城三商行"格局

(二)数字金融底蕴深厚,小微金融今非昔比

坚持问题导向,强化创新意识,紧紧围绕小微企业融资难、融资贵问题,深入剖析原因,着力破解难题。

政府强势推进"金融服务信用信息共享平台"建设(见图1-2),依托15个部门81大类的4 000多项信用信息,结合大数据的技术与方法,一站式地为金融机构提供授权查询服务,打通信息壁垒和"孤岛",在保证数据时效性与安全性的同时,破解了银企之间信息不对称问题,显著地提高了金融服务效率。

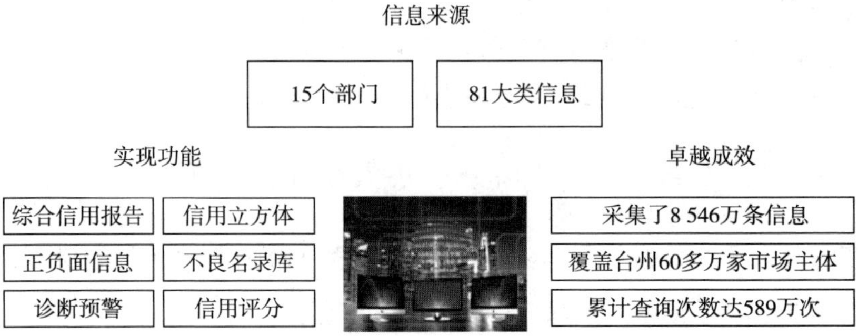

```
                    信息来源
            ┌──────────┐  ┌──────────┐
            │ 15个部门  │  │ 81大类信息│
            └──────────┘  └──────────┘
    实现功能                            卓越成效
┌──────────┬──────────┐         ┌──────────────────────┐
│综合信用报告│信用立方体│         │ 采集了8 546万条信息    │
├──────────┼──────────┤         ├──────────────────────┤
│正负面信息 │不良名录库│         │ 覆盖台州60多万家市场主体│
├──────────┼──────────┤         ├──────────────────────┤
│诊断预警   │信用评分  │         │ 累计查询次数达589万次  │
└──────────┴──────────┘         └──────────────────────┘
```

图1-2 台州市金融服务信用信息共享平台

2016年，台州市人民政府、中国经济信息社和中国金融信息中心联合发布了"台州小微金融指数"。该指数基于大数据理念，采用全样本分析，主要揭示小微企业发展运行状况、小微企业金融服务水平和信用状况，动态监测行业发展趋势，从而为政府改善和提升管理服务水平、预防和化解系统性金融风险提供决策参考。台州小微金融指数因其独特作用，被称为小微企业发展的"晴雨表"。

基于互联网的全新技术，金融科技快速发展并逐步成熟。金融科技（FinTech）3.0、移动互联、云计算、大数据、人工智能、生物识别、区块链、虚拟现实/增强现实（AR/VR）等新兴金融科技技术，对推动现代化小微金融服务的发展起到了重要作用。在这一过程中，台州银行业把握先机，积极融入现代金融科技手段，创新推出"智慧小微"金融服务新模式，构建了线上线下"融合化、数字化、智能化"的小微金融服务体系平台，显著提升了客户体验。

（三）金融创新厚积薄发，小微金融百花齐放

坚持责任导向，强化合作意识，充分发挥政府对提升小微企业金融服务水平的引导作用，强化"两链"风险全流程防控，深入推进小微金融服务改革创新。

设立小微企业信用保证基金，建立适应小微企业授信的审核评价机制，

完善风控机制与政策性担保机制，有效缓解企业担保难、互保累的问题，降低企业融资成本，引导企业规范化管理。

推动商标专用权质押融资改革，政府主导抓试点，提升改革含金量；部门优化协同流程，促进办理便捷化；银企对接落地，激发各方参与度。这些举措不仅缓解了小微企业融资难题，成为企业融资的有益补充，同时也减少了担保互保行为，降低了系统性金融风险，推动了品牌战略实施，增强了区域经济竞争力。

（四）多层次服务体系，小微金融服务亮点纷呈

坚持普惠导向，强化管理意识，大力发展并健全小微金融多层次服务，定制多种特色信贷产品，增强小微企业金融服务能力的基础，提高资金使用效率及风险管理水平。

推动政银联通工程建设，深化政府"放管服"改革，创新政银合作新模式，推行抵押登记一站式办理，推进公积金窗口服务，推广营商改革自助服务。如此一来，既缓解了政府办事窗口业务压力和人手不足问题，又简化了群众办事流程与环节，实现了"部门减压力、财政零投入、银行增客户、群众得便利"的"多方共赢"。

为了扩展小型法人金融机构多元化资金来源渠道，台州市人民政府专项部署以引导法人金融机构对多元化资金来源渠道的认知度，狠抓重点以合格审慎评估通过率和覆盖面，考核督导以确保主动性负债工作稳步推进。在有效盘活存量小微金融资产的同时，推动了小型法人金融机构实现经营战略转型策略。

优化地方法人城市商业银行小微金融服务模式，降低准入门槛提高金融普惠，精细化经营降低融资成本，个性化风控防范金融风险。产品贴近需求、服务贴近客户、机构贴近市场，服务小微企业成效显著，自身发展优势明显。

对接多层次资本市场，拓宽企业融资渠道，促进资源优化配置，将宝贵的信贷资源用于小微企业的金融支持事业上。完善政策配套，提升激励实效，深化服务内涵，加大帮扶力度，开展平台建设，优化市场生态，推进人才工程，加强业务保障。试验区批设以来新增上市公司20家，累计完成直接融资

792亿元,目前全市共有上市公司55家,形成了证券市场"台州板块"。

积极扩展融资渠道,2014年,台州市出台《关于扶持企业直接融资发展的若干政策意见》,指导更多企业利用境内外资本市场、债券市场、场外市场等开展直接融资。灵活引导天使投资、创业投资和金融科技的使用,驱动金融创新,提升金融服务业的质量与效率。

台州市小微金融近年成效如图1-3所示。

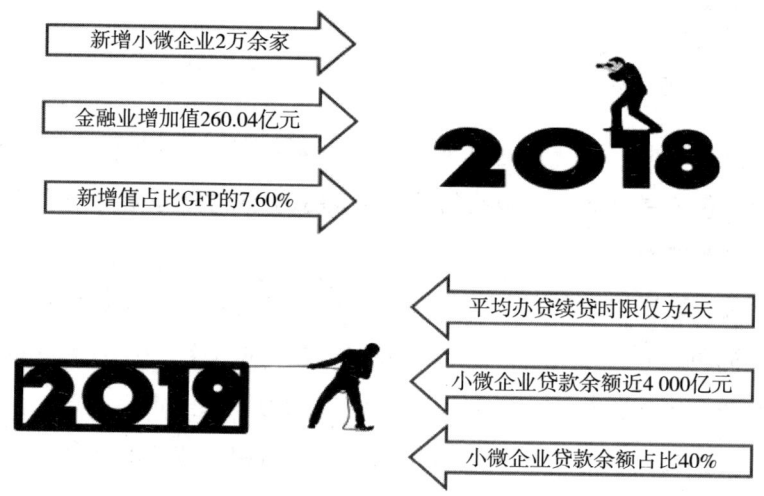

图1-3 台州市小微金融近年成效

三、齐头并进:台州农村金融欣欣向荣

农村金融,泛指与货币和货币流通有关的农村信用活动,即农村及农业活动的货币资金融通,以金融服务的方式支持我国"三农"发展。

(一)提出乡村振兴战略,小微金融多元发展

习近平总书记在党的十九大报告中明确提出,实施乡村振兴战略,要提高金融服务水平,把更多金融资源配置到农村经济社会发展的重点领域和薄弱环节,更好地满足乡村振兴多样化的金融需求。中国人民银行发布的《中

国农村金融服务报告（2018）》中指出，在党中央、国务院正确领导下，人民银行和有关部门全面贯彻落实乡村振兴战略部署，不断深化改革创新，农村金融服务体系日益健全，服务能力显著增强，农村金融生态环境持续改善，为促进农业生产、农村经济发展和农民增收发挥了重要作用。

（二）贯彻乡村振兴战略，农村金融奋起直追

台州市全面贯彻市委市政府《台州市实施乡村振兴战略行动计划（2018—2022年）》精神，加大金融服务乡村振兴力度，践行"妈妈式"服务理念，计划于2018—2022年投入600亿元实施乡村振兴战略，按照"产业兴旺、生态宜居、乡风文明、治理有效、生活富裕"的总要求，紧紧围绕"五大行动"（见表1-2），大力发展普惠金融，提升金融供给的质量和水平，全面助力解决农业农村经济社会发展不平衡不充分问题，高质量推动城乡融合发展，高水平推进农业农村现代化，高标准打造乡村振兴战略先行市和示范市。

表1-2 台州市农村金融乡村振兴战略"五大行动"

普惠金融全面覆盖	投入250亿元贷款支持农民和乡镇创业者，投入150亿元贷款支持乡村企业和新型农业主体，着力推动普惠金融高质量发展
绿色金融全面深化	投入100亿元贷款支持乡村旅游、生态康养、观光农业等绿色生态农业，增速不低于全部贷款平均增速，"两高一剩"行业贷款持续下降
乡村治理全面融入	累计评定信用户超140万户，实现普惠金融建档率达95%，普惠金融签约率达50%，新增农户信用贷款50亿元
精准扶贫全面发力	投入10亿元用于农村金融基础设施建设及减费让利，发放低收入农户致富、集体经济薄弱村强村贷款60亿元以上
延伸服务全面到位	逐年建设增加丰收驿站1 000家，累计建成超过2 000家，实现全市行政村100%金融服务全覆盖

（三）深化乡村振兴战略，农村金融稳重向好

在政策持续引导和技术创新的推动下，农村金融欣欣向荣。

1. 增强供给。创新精准性更好的"三农"金融产品，探索"银保联动"

融资模式，累计提供风险保障超 12 亿元。

2. 实践普惠。构建覆盖面更广的农村信用体系，推进信用工程建设。截至 2019 年 12 月末，台州农信已为农户建档 145.9 万户，占全市农户总数的 85.52%；评定信用村 1 950 个，信用村覆盖面 62.16%；信用户 124 万户，占农户总数的 72.68%；全市农合机构信用贷款余额 327.11 亿元，占比 24.02%。

3. 下沉服务。打造满意度更高的农村金融网络格局，搭建金融服务"直通车"，有效实现基础金融全覆盖。

4. 搭建平台。提供便捷度更高的普惠金融服务模式，发挥农信系统点多面广的渠道优势，深化政银战略合作，率先全省实施"社银联通"工程。

随着农村金融服务覆盖面的不断扩大，以及"三农"领域金融支持力度的不断加大，农民贷款的可获得性不断提升，农村普惠金融领域贷款体量进一步做大，为农业产业兴旺提供精准高效的金融供给，有效地满足了农民日益增长的美好生活金融服务新需求。

四、与时俱进：科技＋绿色助力台州小微金融多元发展

（一）美丽中国，绿色金融引领可持续发展新思想

发展绿色金融是监管政策与产业政策相结合的要求，要求金融机构对环保、节能、清洁能源、绿色交通、绿色建筑等领域提供金融服务，是对金融机构更高层次产业经营的要求。金融部门将环境保护作为一项基本战略，在投融资决策中考虑潜在的环境影响，把与环境条件相关的潜在的回报、风险和成本融合进金融的日常业务中，在金融经营活动中注重对生态环境的保护以及环境污染的治理，通过对社会经济资源的引导，促进社会的可持续发展。

2016 年 8 月 31 日，中国人民银行等七部门联合印发了《关于构建绿色金融体系的指导意见》，明确了绿色金融体系建设和绿色金融发展的总体思路和创新举措，成为我国绿色金融发展的纲领性文件。2019 年，浙商银行积极推

动绿色金融发展，发挥自身在环保领域的优势，成功发行了该行首单、近50亿元的绿色金融债券，债券票面利率为3.42%，期限3年，获得了4.3倍超额认购。此次债券的发行进一步推动了浙商银行绿色金融业务发展，提升了绿色金融服务水平。浙商银行积极探索"绿色信贷"创新，践行"绿水青山就是金山银山"理念，以债市蓝海链接绿色产业、支持环境改善、应对气候变化。此外，台州银行也积极创新绿色金融产品，推动绿色生活，培养环保习惯，联合台州市垃圾分类办，推出全国首款以垃圾分类为主题的信用卡"拉风卡"。这次探索不仅是台州市垃圾分类工作与异业跨界合作的重要标志，更是台州市发展绿色金融业的一次重要实践。

（二）科技强国，金融科技引领革新变旧新潮流

2009年，国内学者发布的《科技金融》一书中指出，金融科技是促进科技开发、成果转化和高新技术产业发展的一系列金融工具、金融制度、金融政策与金融服务的系统性、创新性安排，是由向科学与技术创新活动提供融资资源的政府、企业、市场、社会中介机构等各种主体及其在科技创新融资过程中的行为活动共同组成的一个体系。随着大数据、云计算、人工智能等新一代信息技术的发展和应用，金融和科技发展正快速融合，有效地提高了金融服务的可获得性和便捷性，降低了金融交易成本。非传统企业以科技为"尖刀"切入金融领域，用更高效的科技手段抢占市场，提升金融服务效率，规避金融风险。

人民银行发布的《金融科技（FinTech）发展规划（2019—2021年）》中提出，未来三年的发展目标为"到2021年，建立健全我国金融科技发展的'四梁八柱'，进一步增强金融业科技应用能力，实现金融与科技深度融合、协调发展，明显增强人民群众对数字化、网络化、智能化金融产品和服务的满意度，使我国金融科技发展居于国际领先水平"。

台州银行在金融科技浪潮中主动出击，把握先机，积极发挥大数据、移动互联等技术在金融服务中的重要作用，推出客户服务移动工作站，极大地提高了信贷服务效率。简化信贷调查前、中、后流程环节，使得客户经理、

后台中心、审批人员分工更加合理，同时结合大数据评分卡模型，形成工厂化的作业方式，原来 2~3 天的授信业务最快 90 分钟内完成。新客户则仅需 1 分钟 15 秒即可办理银行卡，极大地提高了金融服务效率。此外，台州银行积极推动现场检验与数据驱动融合，鼓励"数据跑"协助"人工跑"，标准化呈现"可不可以贷、贷多少、什么价格贷"。以科学、高效、高质的风控模式，实现民营、小微贷款的商业可持续发展。

五、见贤思齐：推广小微金融台州模式

依靠不断创新、不断深入的小微金融服务改革，台州小微经济取得了卓越成效，为中国小微企业发展提供了丰富经验。

1. 台州小微金融拥有"一城三商行"的头号名片，在全国地级市中独一无二，授信流程也独树一帜。放贷资格以业务人员日常信息调查为主，最快 3 天即可放贷，且长期保持低于 1% 的不良贷款率。业务员对贷款户的考察严格且全面，除公司报表外，还关注借贷公司的电表、水表、海关报表等，兼顾贷款人的人品与技能，并提出"道义贷款""亲情贷款""纯信用贷款"等，具有一套完整且实用的原则与逻辑。

2. 台州小微金融抢占先机，地方政府明确定位，充分发挥市场经济中"看得见的手"与"看不见的手"，推动城市商业银行市场化转型。改革伊始，台州市政府明确表示"股份制银行应市场化管理，政府不任命干部，也不派干部"。因此，对于台州的城市商业银行，政府只占股，不控股，三家城市商业银行几乎实现民资全资控股。政府控股率最高的浙江民泰商业银行，其占比也低于 8%。政府的少量参股并非干预银行的正常经营与决策，而是优化调整银行架构，助力银行健康发展。另外，政府积极促成多方合作，打破信息壁垒。针对台州"小微企业多、信用增信难，经济部门信息多、共享难，小法人银行多、资金来源难"的"三多三难"问题，台州市政府主动牵头，打破部门围墙，整合不同部门的信用信息，建成并开通了全市金融服务信用信息共享平台。此外，还推出了小微企业信用保证基金，采用"政府出资为

主，金融机构捐资为辅"的模式，为市区内优质高成长小微企业提供高达50亿元的增信担保，并明确银行为担保对象，充分应对风险。政府牵头并主导了多部门信息平台与保证基金的建立，在促进小微企业发展过程中，做到了"撸起袖子加油干"，为当地小微金融发展立下了汗马功劳。

2012年，国务院批准设立温州市金融综合改革试验区，温州市和台州市两地地缘相近、发展模式相似，被称为"温台模式"。温州试验区积极改革，解决民间借贷问题，防范民间金融风险；台州试验区积极创新，推动台州小微企业发展，注重深化金融改革，使之适应小微企业的快速发展。在解决小微企业借贷这一问题上，台州小微金融改革更深入、更全面、更多样，更好地适应了台州小微企业发展，因此比温州"走得更前，走得更好"。

3. 台州在历史因素及政策因素下，形成了目前全力为小微企业服务的氛围，面对"大众创业，万众创新"的时代趋势，许多城市积极借鉴台州模式的改革经验。唐山市委明确表示要"对照台州经济发展经验，找准、抓住当前妨碍唐山发展的突出问题"。文件①中表示，"台州经验对于唐山的借鉴意义就是：一是要善抓机遇。尊重和保护群众的首创精神，学习台州民营经济发展过程中民间与政府互动共进的措施。二是切实转变政府管理经济的观念、方式、方法。致力于打造有限的政府、有效的政府，推进政府科学行政、依法行政、积极行政"。面对小微企业发展浪潮，台州试验区推出的许多可供参考的创新方案，对全国范围内的其他城市具有良好的借鉴意义。

4. 台州模式在台州取得了卓越成效，但模式的复制与借鉴应因地制宜、因时制宜、循序渐进，顺应客观经济规律。部分城市的传统大型股份制银行仍以风险管控为主，以抵押、财务报表为放贷标准，切不可急功近利无视经济规律地改造。此外，在政府对于小微金融市场管控力度上，各地城市也应斟酌学习，避免盲从。

---

① 文件来源于2015年唐山市委发布的《关于在全市开展"学习台州经验，转脑子、转作风、转方式"解放思想大讨论活动的实施方案》。

六、致远任重：台州小微金融仍将砥砺前行

台州市小微金融与农村金融的多项举措取得卓越成效，提高了小微企业服务能力，发展了小微企业群体，以持续向好的金融生态环境和良好的金融业发展态势，为全国小微企业金融服务提供了台州实践、台州经验和台州样板。"民营经济是台州发展的中坚力量，高效的小微金融服务体系，使台州的实体经济有了更多韧劲。"台州市人民政府金融办负责人表示，台州将着力破解小微企业面临的政策、空间、融资、服务等瓶颈，支持实体经济、创业者，从小扶持起，促进小微企业逐渐成长为"小巨人"。

总结 2019 年台州市小微金融服务工作：一是巩固已有成果和推动金融模式、产品创新相结合，提升了小微金融服务可得性；二是助力经济发展和服务社会民生相结合，提升了小微金融服务普惠性；三是总结经验模式和推广改革成果相结合，提升了小微金融服务台州模式影响力。

下一步，台州市将深入实施融资畅通工程，提升小微企业金融服务质效水平；建设"三中心三基地"，努力打造国家级小微金融改革试验区升级版；持续对接重大战略和领域，拓宽小微金融改革的广度和深度；实时对接资本市场，不断拓宽小微企业直接融资渠道；着力防范和化解金融风险，切实优化区域金融环境。进一步强化"小微金改看台州"的站位，拉高工作标杆，全面深化改革，推动小微企业金融服务朝着更高质量、更高层次发展，使台州成为全国小微金融服务标准体系建设的"标杆"、全国小微金融人才培养的"摇篮"、全国小微金融服务实体经济的"样板"，真正变"试验区"为"示范区"。

第二章 台州小微金融服务发展状况

一、台州小微企业生存现状

(一) 小微企业总量增长，增速逐年放缓

自 2016 年以来，台州小微企业的总数量逐年增多。台州小微企业净增数量为新注册小微企业数量减去注销企业数量，近 4 年来净增数量都为正，年平均净增数量约为 6.96 万家，说明台州小微企业总数量在逐年增多，信贷需求也逐年增加。但是净增数量有所波动，如图 2-1 所示。其中 2019 年净增 79 247 家，相比 2018 年增加 8.49%。近 4 年来，净增长率在 2017 年达到最大值，2018 年有所下降，2019 年又再次回升。总的来说，小微企业数量的增

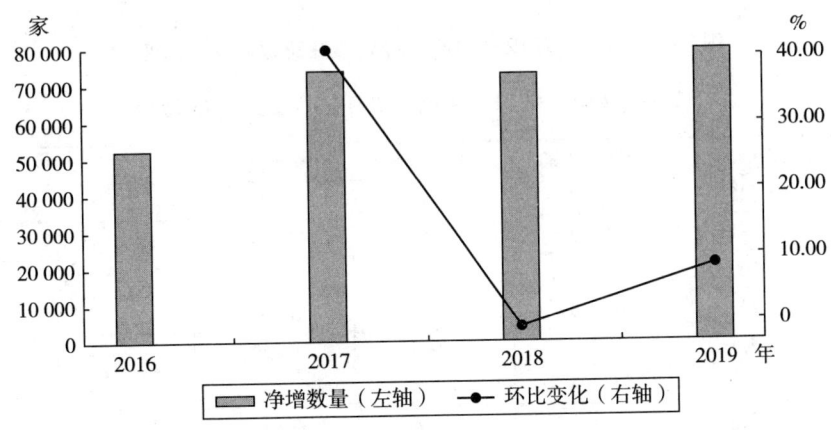

图 2-1 2016—2019 年台州小微企业净增数量及环比变化

长速度逐渐放缓,但总的净增数量依旧不少。随着小微企业总量的增长,预计信贷需求也将逐年增加,只是增长量在减少。

自2016年以来,台州小微企业的新注册数量逐年波动,2018年数量稍有降低,2019年又再次回升上涨至2017年的水平。由于注销数量相较新增数量少很多,所以新增小微企业数量的趋势与净增小微企业数量相似。如图2-2所示,2016年台州小微企业的新注册数量为77 073家,截至2019年12月末,台州小微企业全年注册总数为94 160家,相比2018年增加3 690家。2018年,小微企业新注册数量较2017年下降4.72%。月度数据显示,下降主要集中在2018年下半年(见表2-1)。

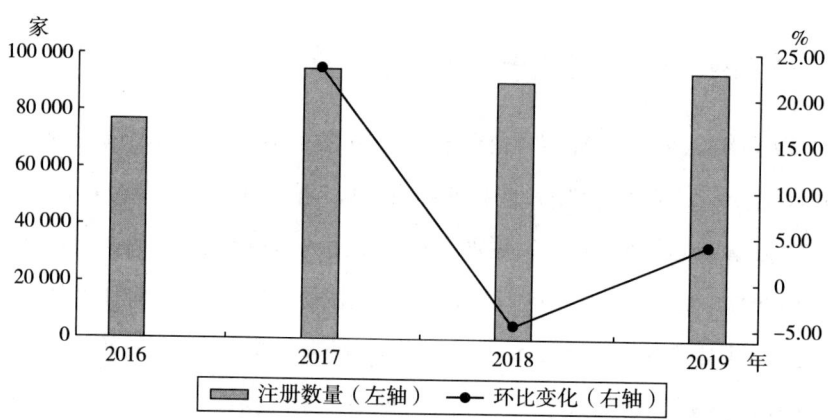

图2-2　2016—2019年台州小微企业注册数量及环比变化

表2-1　2016—2019年台州各个月份小微企业注册数量

月份	2016年(家)	2017年(家)	2018年(家)	2019年(家)	2019年同比变动(%)
1	5 045	4 852	8 848	7 500	-15.24
2	2 334	4 925	3 239	4 070	25.66
3	6 560	9 331	7 424	8 763	18.04
4	7 290	6 998	9 666	10 170	5.21
5	6 905	9 228	9 065	8 859	-2.27
6	7 842	8 393	7 384	7 835	6.11
7	7 016	9 501	7 294	7 471	2.43
8	6 786	9 365	7 370	6 949	-5.71
9	6 524	7 976	8 241	8 856	7.46

续表

月份	2016年（家）	2017年（家）	2018年（家）	2019年（家）	2019年同比变动（%）
10	6 099	8 229	6 988	6 892	-1.37
11	7 720	7 496	7 011	8 304	18.44
12	6 952	8 657	7 940	8 491	6.94
合计	77 073	94 951	90 470	94 160	4.08

小微企业数量增速放缓与台州近年来贯彻落实的"三改一拆"政策及环保政策的积极推进紧密相关。全市"三改一拆"行动紧密围绕"拓空间、促转型、保安全、优环境、惠民生"这五大目标，统筹推进"无违建"创建、老旧工业区块改造、"四边三化"、城中村改造等专项行动，取得了阶段性成效。截至2019年10月底，全市共拆除违法建筑1 474.79万平方米，完成年度目标任务的73.74%，其中旧厂区改造265.64万平方米，完成率139.81%，旧厂区的减少在一定程度上限制了小微企业的增加。另外，近年来环保标准趋严，台州市全面贯彻落实习近平总书记提出的生态文明思想，坚决打好污染防治攻坚战，环境质量持续改善，加快推进产业转型升级，优化产业空间布局，加快城市建成区、重点流域的重污染企业搬迁改造，着力推动绿色产业发展，大力推进"低散乱"企业整治，这也在一定程度上限制了污染企业的发展，使得小微企业的新增数量增长变缓。新增小微企业的减少会在一定程度上削弱区域竞争力，因此台州各部门应该加强警惕，在整治环境的同时颁布相关政策鼓励持续推动小微企业的发展。

（二）小微企业行业分布不均，批发零售占四成

除国际组织外，台州小微企业在各行业均有所分布，但分布不均。2016—2019年新注册小微企业中，批发和零售业占比最大，达到43.67%；其次为制造业及住宿和餐饮业，其中制造业占比18.90%，住宿和餐饮业占比13.31%。占比前五的行业合计占比85.26%，其他行业共占比14.74%。占比较少的几个行业是公共管理、社会保障和社会组织及采矿业。各行业具体占比如表2-2所示。

表2-2 2016—2019年台州各行业小微企业注册数量占比

行业	占比（%）	行业	占比（%）
批发和零售业	43.67	建筑业	1.32
制造业	18.90	信息传输、软件和信息服务业	1.05
住宿和餐饮业	13.31	房地产业	0.77
居民服务、修理和其他服务业	4.76	教育	0.49
租赁和商务服务业	4.62	卫生和社会工作	0.23
交通运输、仓储和邮政业	2.98	电力、热力、燃气及水生产和供应业	0.18
科学研究和技术服务业	2.24	金融业	0.18
农、林、牧、渔业	2.10	采矿业	0.01
水利、环境和公共设施管理业	1.82	公共管理、社会保障和社会组织	0.00
文化、体育和娱乐业	1.36	国际组织	0.00

（三）小微企业地域分布广泛

小微企业分布于台州的各个区县，各区县2016—2019年的注册数量如表2-3所示。近4年新注册小微企业总量占比最大的是温岭市，占比17.65%；位居第二的是临海市，近4年总量占比14.00%；其次是路桥区和黄岩区，两区分别占比12.98%和12.45%。2019年新注册小微企业数量最多的是温岭市，占比16.22%，略高于临海市。2019年，各区县的注册数量都出现一定的波动。其中，波动最大的两个地区是三门县和天台县，占比分别增长47.40%和46.78%，下降最多的地区是台州市，下降33.93%。由此可以看出，台州小微企业在逐步向区县迁移。

表2-3 2016—2019年台州各区县小微企业注册数量

区县	2016年（家）	2017年（家）	2018年（家）	2019年（家）	2019年变动（%）	2019年各区占比（%）	近4年总占比（%）
黄岩区	9 232	13 796	11 170	10 197	-8.71	10.83	12.45
椒江区	6 579	9 246	8 457	9 058	7.11	9.62	9.35
临海市	9 902	11 789	13 827	14 411	4.22	15.30	14.00
路桥区	8 789	13 500	12 545	11 452	-8.71	12.16	12.98
三门县	3 652	4 006	4 024	5 931	47.40	6.30	4.94
市辖区	2 763	3 630	3 824	4 687	22.57	4.98	4.18

续表

区县	2016年（家）	2017年（家）	2018年（家）	2019年（家）	2019年变动（%）	2019年各区占比（%）	近4年总占比（%）
台州市	740	250	201	133	-33.93	0.14	0.37
天台县	6 433	7 459	6 532	9 587	46.78	10.18	8.41
温岭市	15 920	16 466	15 289	15 275	-0.09	16.22	17.65
仙居县	3 923	4 945	4 923	5 311	7.87	5.64	5.36

（四）小微企业注销数量逐年递减，整体经营状态向好

2016年，台州小微企业的注销数量为24 697家，2016年之后开始呈现逐年减少的趋势；2017年注销数量为21 103家，同比降低14.5%；2018年减少至17 424家，同比降低17.2%。截至2019年12月，台州小微企业全年注销总数为14 913家，同比减少2 511家，降低14.5%，如图2-3所示。2019年各月份的注销数量相对2018年大部分呈现下降趋势，具体数据如表2-4所示。其中，10月份注销数量最少，只有748家，而3月份注销数量最多，达到2 016家，除3月、4月、11月和12月有少量增长外，其余月份均环比下降9%~48%，预计注销的企业数量将持续降低，企业经营发展的整体趋势逐渐好转。

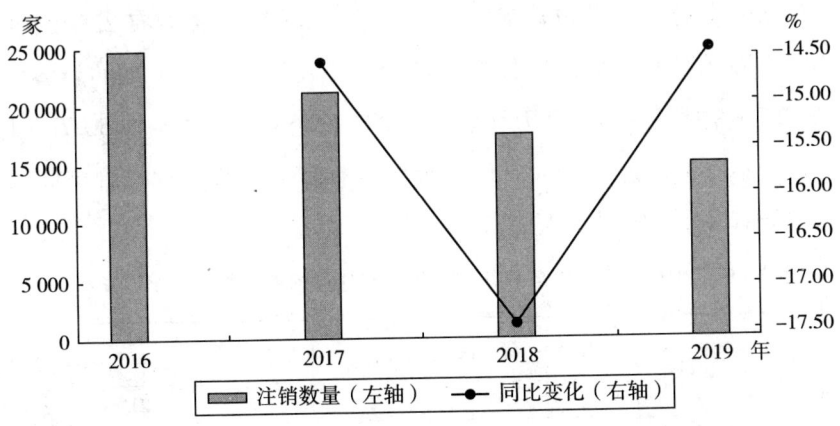

图2-3 2016—2019年台州小微企业注销数量及同比变化

表 2-4　2016—2019 年台州小微企业各个月份注销数量

月份	2016年（家）	2017年（家）	2018年（家）	2019年（家）	2019年同比变动（%）
1	1 360	802	1 697	1 162	-31.53
2	803	1 809	973	766	-21.27
3	3 541	1 465	1 622	2 016	24.29
4	2 081	1 175	1 570	1 816	15.67
5	1 868	1 387	1 699	1 548	-8.89
6	1 787	1 985	1 808	1 344	-25.66
7	1 938	1 792	1 895	1 479	-21.95
8	7 011	2 218	1 683	880	-47.71
9	1 037	2 235	1 503	976	-35.06
10	838	1 644	909	748	-17.71
11	1 201	2 472	1 037	1 060	2.22
12	1 232	2 119	1 028	1 118	8.75
合计	24 697	21 103	17 424	14 913	-14.41

（五）小微企业注册资本呈现正态分布，行业呈现差异化

注册资本是判定新设立企业是否为小微企业的重要指标，本年度新设立企业的注册资本或出资额（资金数额）在 500 万元人民币以下（含 500 万元人民币）的划入小微企业。2016—2019 年，台州新成立的小微企业注册资本均值逐年波动。2019 年的注册资本均值为 108.95 万元，达到近 4 年最低值。近 4 年注册资本的 25% 分位数都保持在 2 万元左右，意味着有 25% 的企业注册资本为 2 万元以下；而 50% 分位数和 75% 分位数有逐年上涨的趋势，2019 年 50% 的企业注册资本在 10 万元以下，75% 的企业注册资本在 50 万元以下。各年注册资本的标准差都较大，但是近两年有降低趋势，意味着企业间的注册资本差异有减小的趋势（见表 2-5）。

表 2-5　2016—2019 年台州新成立小微企业注册资本描述统计　单位：万元

年份	均值	标准差	最小值	25%分位数	中位数	75%分位数	最大值
2016	147.51	2 799.22	0	2	5	21	382 000
2017	160.29	4 381.54	0	2	6	30	849 476
2018	149.96	2 632.99	0	2	8	30	330 000
2019	108.95	1 166.91	0	2	10	50	100 100

2016—2019年台州小微企业分布呈现正态分布的形状,如图2-4所示,大部分小微企业的注册资本分布于1万元到100万元间,在1万元左右出现峰值。从图2-5分布可以看出,大约20%的小微企业注册资本为1万元,45%的小微企业注册资本在1万元到10万元间,这也体现了小微企业规模小的特色;注册资本小于等于100万元的企业数量达到92%左右,大约有80%的企业注册资本集中分布于1万元至100万元这个区间。

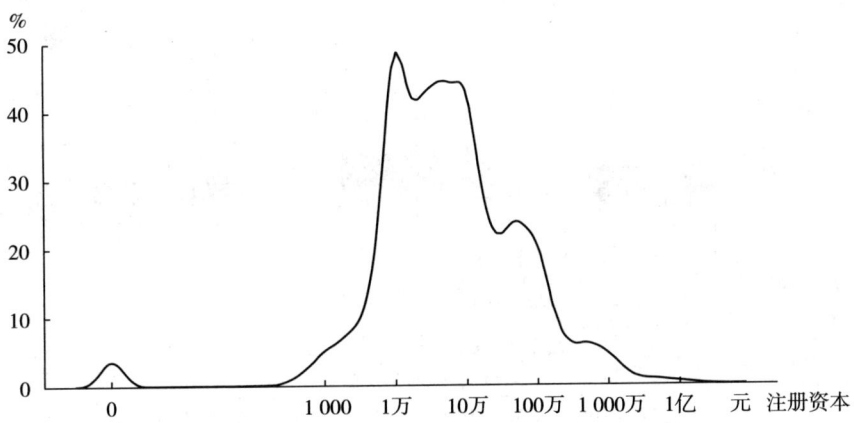

图2-4 2016—2019年台州小微企业注册资本密度曲线

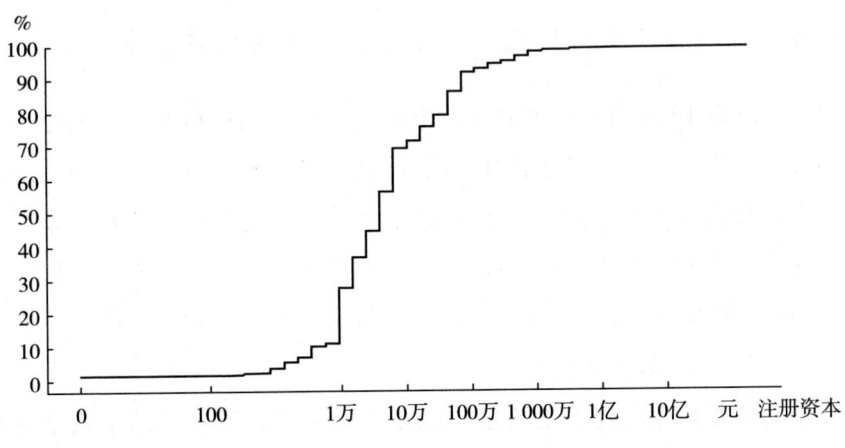

图2-5 2016—2019年台州小微企业注册资本分布图

在台州小微企业中，占比前三的行业分别为批发和零售业、制造业、住宿和餐饮业，如图 2-6 所示。各个行业的注册资本存在差异化，其中住宿和餐饮业的注册资本整体水平稍低，中位数在 5 万元左右；制造业的整体水平比批发和零售业稍高，中位数在 9 万~10 万元。对比各年份的数据，发现批发和零售业及制造业的注册资本在 2019 年都有一定增长，而住宿和餐饮业基本与 2018 年保持齐平。

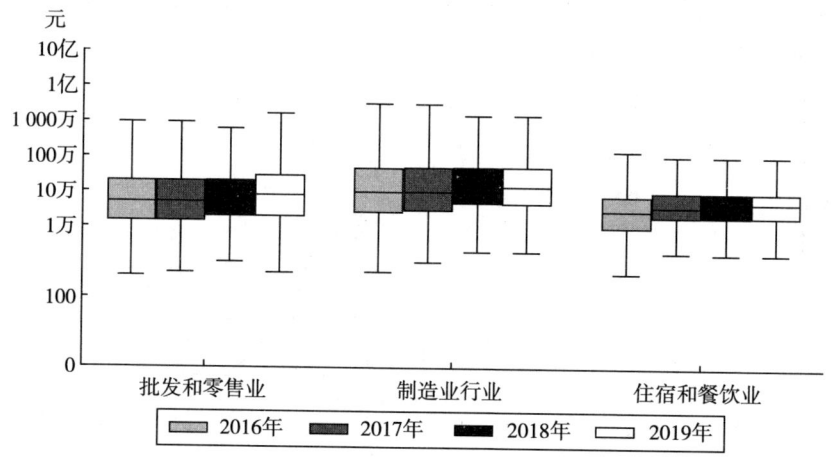

图 2-6 2016—2019 年台州小微企业注册资本箱线图

（六）小微企业生存周期长短差异大，呈现右偏分布

对 2016—2019 年台州注销的小微企业的生存周期进行分析，生存周期的密度曲线如图 2-7 所示。从图中可以看出，注销小微企业的生存周期呈现为右偏分布，在两年处存在峰值，说明部分小微企业的生存周期较短，而有的小微企业生存周期长达 30 年，可以看出各企业生存周期长短不一。从注销小微企业生存周期的分布图 2-8 可以进一步看出，70% 左右的注销企业生存周期小于 10 年，30% 的企业超过 10 年。

生存周期能在一定程度上衡量小微企业的生存状况。有的小微企业生存周期较短，其中一部分企业可能是经营不善所致，另一部分企业经营良好但进行了转型，不再属于小微企业；另外一些生存周期较长的企业可能是一些老工业，由于近年的"三改一拆"政策而关闭停业。根据小微企业的入库标准，每年会根据各个企业的年报对其是否属于小微企业进行判定。一般情况下，当企业经营状况良好，随着其经营时长的增加，企业规模将不断扩大，员工人数、营业收入等也有大幅上升，这时企业不再满足小微企业的标准，将被剔除小微企业库；当企业经营时长达5年、10年及以上时还属于小微企业，说明其在经营发展上存在一定的问题，这类企业应重点关注。

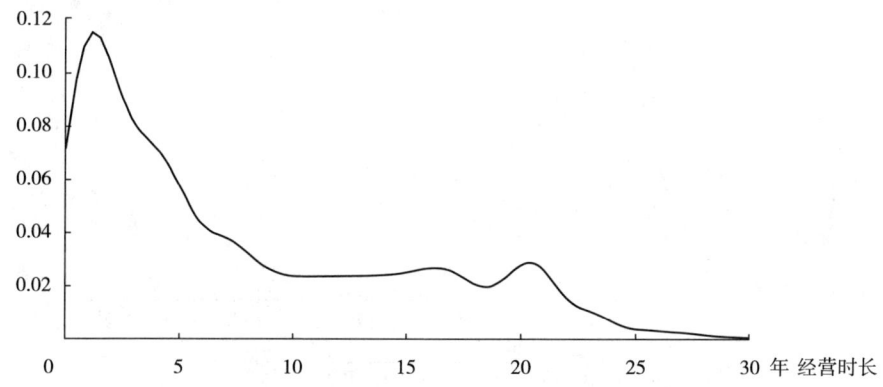

图2-7 2016—2019年台州注销小微企业生存周期密度曲线

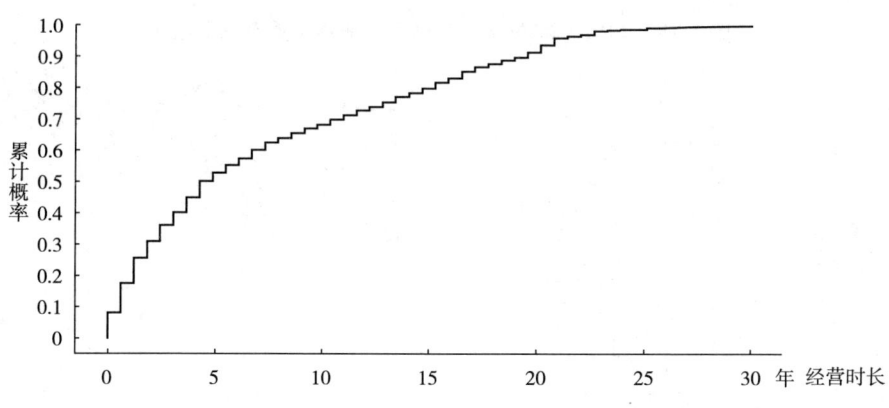

图2-8 2016—2019年台州注销小微企业生存周期分布曲线

（七）小微企业用水总量有一定回升，呈现正态分布

对2016—2019年台州小微企业的用水量进行分析，密度曲线如图2-9所

示。这4年小微企业的用水量分布形状都相似,呈现为正态分布的形状,这也与企业的实际情况相符合。就2019年而言,用水量峰值相较前几年出现右移,在200立方米处出现峰值。用水量的分布曲线如图2-10所示。2019年75%的企业用水量小于315立方米,90%的企业用水量小于1 000立方米,60%的企业用水量集中分布于50~1 000立方米这个区间。

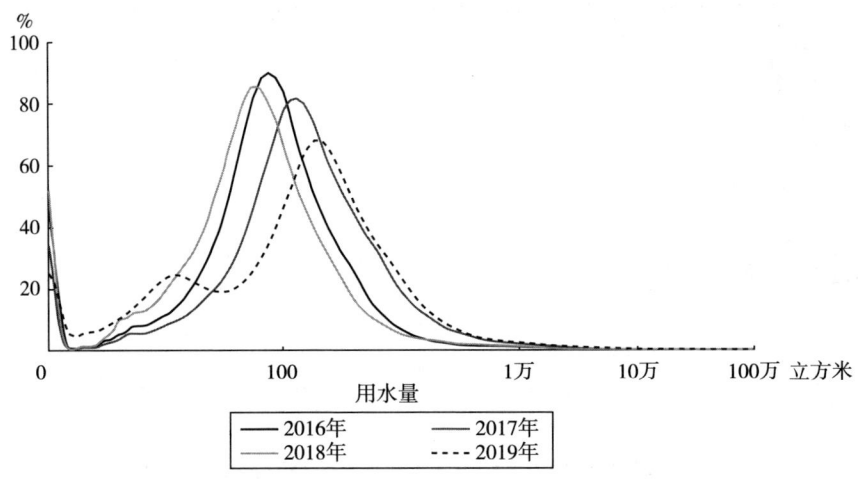

图2-9　2016—2019年台州小微企业用水量密度曲线

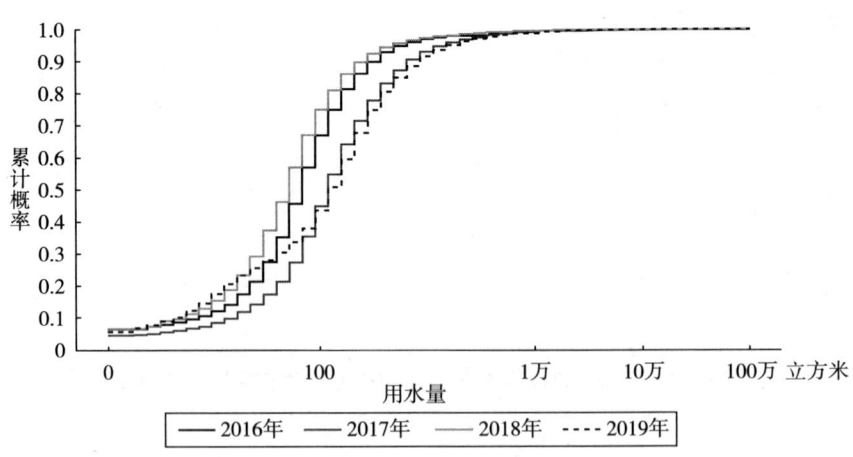

图2-10　2016—2019年台州小微企业用水量分布曲线

2016—2019年台州小微企业的用水总量如图2-11所示。2017年和2018年的用水总量明显低于其他两年,而前面分析的2017年和2018年的用水分布曲线并无异常,由此猜测用水总量较少可能是由于2017年与2018年部分企业的用水数据缺失引起的。截至2019年末,台州小微企业在该年度的用水总量为1.85亿立方米。

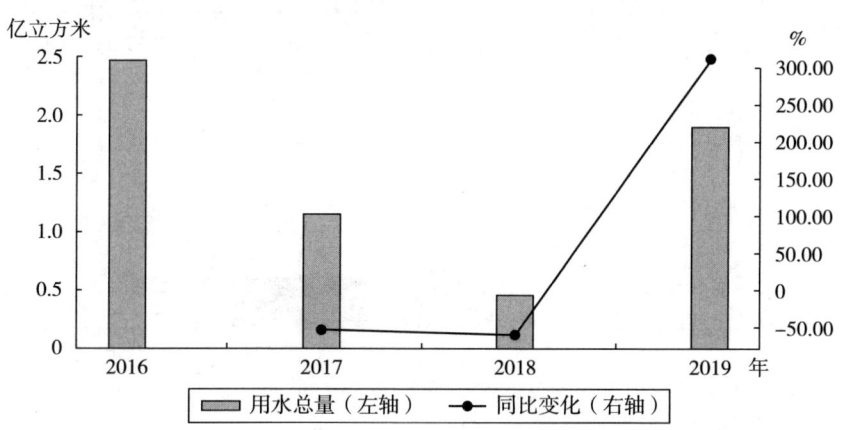

图2-11 2016—2019年台州小微企业用水总量

(八) 小微企业近两年经营效益变差,应缴税额递减

对2016—2019年台州小微企业的应缴税额进行分析,描述性统计信息如表2-6所示。2017年台州小微企业的应缴税额均值最大,达到平均每户339.56万元。2019年的注册资本均值为66.58万元,达到近4年最低值。2016年与2019年的应缴税额数据特征相似,25%分位数在0.2万元左右,意味着有25%的应缴税额在2 000元以下,大约50%的企业应缴税额低于2万元,75%的企业低于12万元。2017年与2018年的应缴税额数据特征相似,而且相较2016年与2019年纳税额度更大,25%分位数在1万元左右,意味着有25%的应缴税额为1万元以下,大约50%的企业应缴税额低于7万元。图2-12直观表现出2016年与2019年的应缴税额标准差较低,而2017年与2018年的标准差较大,说明各个企业的应缴税额差异较大。各年的应缴税额最小值都为负数,这是由于有的企业多缴税费或者有关税项已缴但未计提导致。

表 2-6 2016—2019 年台州小微企业应缴税额描述统计   单位：万元

年份	均值	标准差	最小值	25%分位数	中位数	75%分位数	最大值
2016	83.38	1 467.67	-1 602.22	0.21	2.11	11.84	375 983.55
2017	339.56	5 834.83	-33 173.59	1.08	7.02	56.79	1 297 986.19
2018	226.78	3 980.72	-58 818.15	1.05	6.37	40.12	856 099.73
2019	66.58	1 113.31	-20 077.16	0.20	2.03	11.88	235 271.83

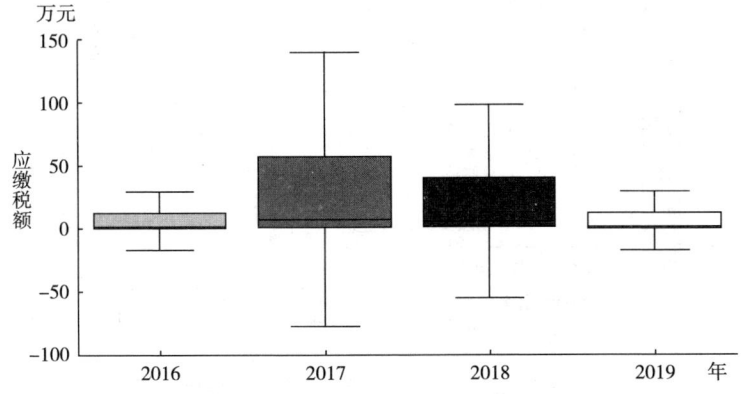

图 2-12 2016—2019 年台州小微企业应缴税额箱线图

2016—2019 年台州小微企业的应缴税额总量如图 2-13 所示。纳税总量从 2018 年开始减少，2018 年同比下降 30%；截至 2019 年末，全年纳税总量为 1 090 亿元，同比下降 70%。

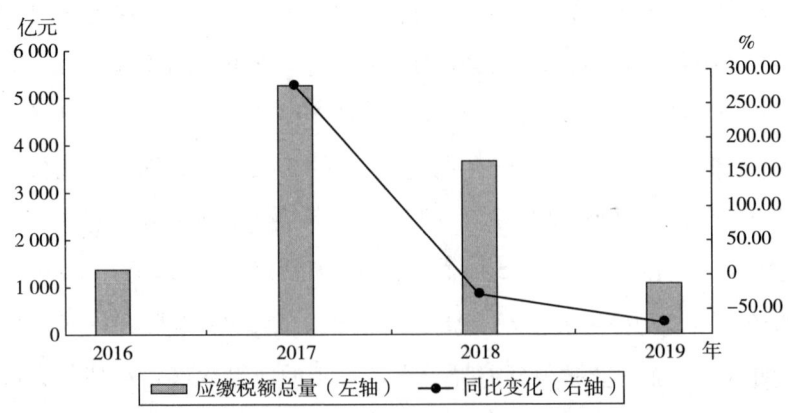

图 2-13 2016—2019 年台州小微企业应缴税额总量及同比变化

2016—2019年台州小微企业销售收入总量与应缴税额总量值如表2-7所示。分析发现，应缴税额总量的变动趋势与销售收入的变动趋势基本一致。2017年台州小微企业的销售收入总量同比增长274.66%，达到近4年最大值；2018年销售收入相对2017年下降7.27%，而相应的应缴税额下降30.42%；2019年销售收入同比下降68.73%，而相应的应缴税额下降70.22%。因此，可以看出应缴税额的变动一定程度上是由经营状况导致，2018年与2019年企业销售收入的减少一定程度上导致应缴税额也相应降低。

表2-7 2016—2019年台州小微企业应缴税额与销售收入总量

年份	应缴税额（亿元）	同比变化（%）	销售收入（亿元）	同比变化（%）
2016	1 388.27	—	13 882.64	—
2017	5 251.94	278.31	52 012.12	274.66
2018	3 654.55	-30.42	48 232.56	-7.27
2019	1 088.16	-70.22	15 081.43	-68.73

应缴税额减少的另一原因也可能来自小微企业相关纳税优惠政策的推行。一是针对创业企业的税收优惠力度加大。2018年5月14日，财政部、国家税务总局联合发布《关于创业投资企业和天使投资个人有关税收政策的通知》（财税〔2018〕55号），明确符合条件的创业投资企业和天使投资个人可按投资额70%抵扣应纳税所得额，以降低创业创新成本，增强科创型小微企业发展动力。财政部、国家税务总局、国家发展改革委、证监会积极研究创业投资企业税收优惠政策实施方案，推动创业投资企业个人合伙人税负有所下降、只减不增，支持创业投资企业发展壮大。二是扩大贷款利息收入增值税优惠政策覆盖面。2017年，财政部、国家税务总局联合发布《关于支持小微企业融资有关税收政策的通知》（财税〔2017〕77号），规定"对金融机构向农户、小型企业、微型企业及个体工商户发放小额贷款取得的利息收入，免征增值税"。在此基础上，自2018年1月1日起，纳税人为农户、小型企业、微型企业及个体工商户借款、发行债券提供融资担保取得的担保费收入，以及为上述融资担保提供再担保取得的再担保费收入，免征增值税。自2018年9月1日起，将符合条件的小微企业和个体工商户贷款利息收入免征增值税单

户授信额度上限提高到1 000万元。对经省级金融管理部门批准成立的小额贷款公司取得的农户小额贷款（单笔且该农户贷款余额总额在10万元以下）利息收入，免征增值税，且在计算应纳税所得额时，按90%计入收入总额。

（九）小微企业经营风险较高，融资问题得到改善

分析2016—2019年台州小微企业关停的具体原因，如图2-14所示。从图中可以看出，49.37%的企业由于经营不善导致关闭停业，说明小微企业的经营风险较高，转型压力较大；其次占比较大的是担保偿债，占比13.29%；还有6.96%的企业是由于高息借款。后两类原因说明融资压力还是比较大，信用问题较为突出。依次分析2016—2019年各年的关停原因占比变化，如图2-15所示，担保偿债的比例有明显的下降趋势，2016年担保偿债占比19.23%，2018年下降至最低达到3.13%，2019年稍有回升，达到6.15%。高息借款所占比例也有所下降，2016年高息借款比例为12.31%，2019年下降至3.08%。虽然从2018年以来，全球经济不确定因素增多，中国经济长期积累的风险隐患有所暴露，小微企业"经营难、融资难"问题有所加剧，但

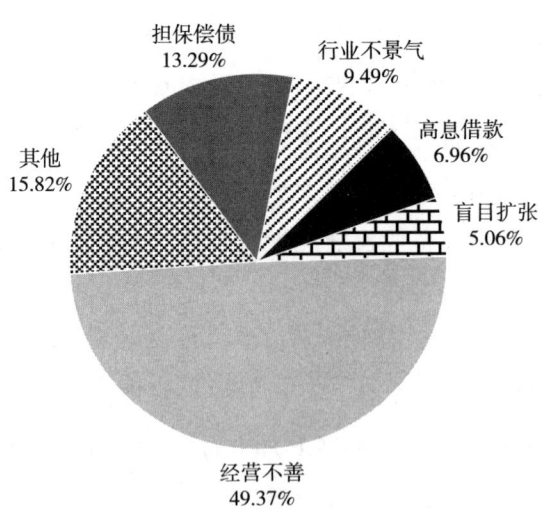

图2-14　2016—2019年台州小微企业关停各类原因占比

是台州由于融资问题导致的企业关停比例在 2018 年大幅下降,说明银行机构在近年来采取了许多有效措施,一定程度上解决了企业"融资难、融资贵"问题,帮助企业专注主业、回归实业,加快转型发展。

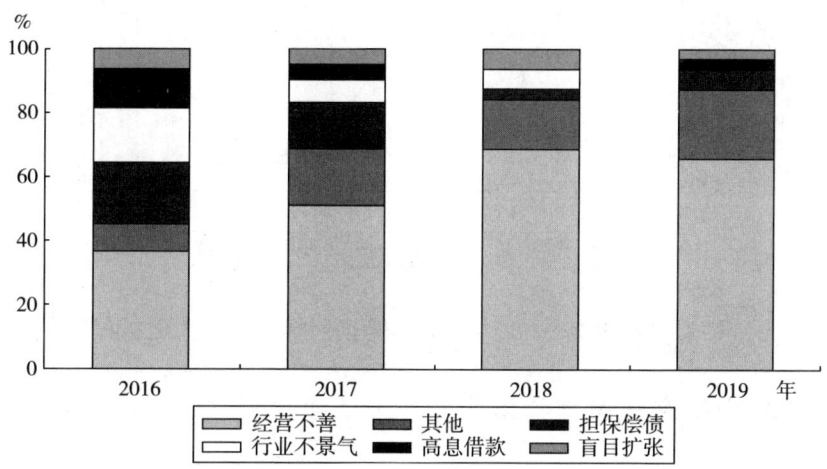

图 2-15　2016—2019 年台州各年份小微企业关停原因占比变化

二、台州小微企业信贷供给

(一) 小微企业贷款户数快速增长,金融服务覆盖面持续拓宽

近年来,各银行业金融机构回归本源、聚焦小微、下沉重心,台州小微企业贷款户数快速增长,如图 2-16 所示。近 4 年来小微企业贷款户数逐年增长,其中 2017 年增长最多,同比增加 8.20 万户,增长 29.97%。由于近两年来小微企业本身的增长数量有所下降,2018 年与 2019 年贷款总数的增速也有所下降,但依旧保持一定水平的增长。截至 2019 年末,小微企业法人贷款 39.89 万户,同比增加 1.81 万户,增长 4.74%。由此可以看出台州各金融机构的贷款总户数不断增长,金融服务的覆盖面不断增大。

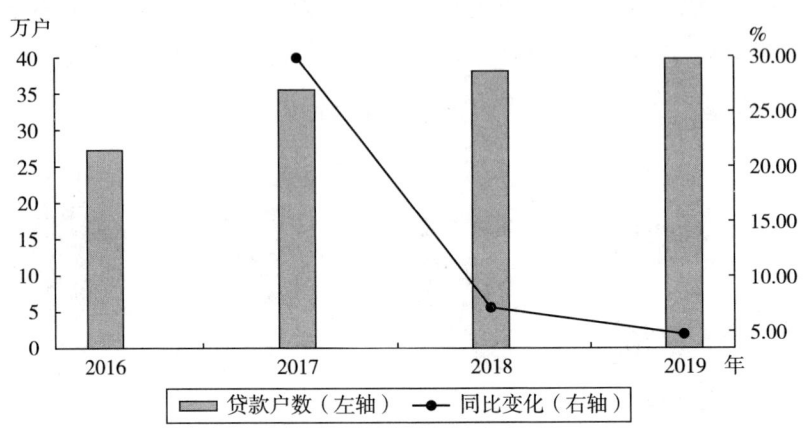

图 2–16　2016—2019 年台州小微企业贷款户数及同比变化

（二）小微企业新增授信量大于企业净增量

将台州新增小微企业授信的数量与小微企业净增数量进行对比分析，如图 2–17 所示。首先从新增授信数量来看，虽然 2016—2019 年的新增授信总数量出现一定波动，但都维持在较高水平，近 4 年年均新增授信数量为 14.4 万户。截至 2018 年末，小微企业新增授信数量达到 18.7 万户，同比增加 6.8 万户，增长 57.1%；截至 2019 年末，由于小微企业净增数量大幅下降，新增授信数量也有所下降，达到 11.7 万户，但依旧高于小微企业净增数量。在

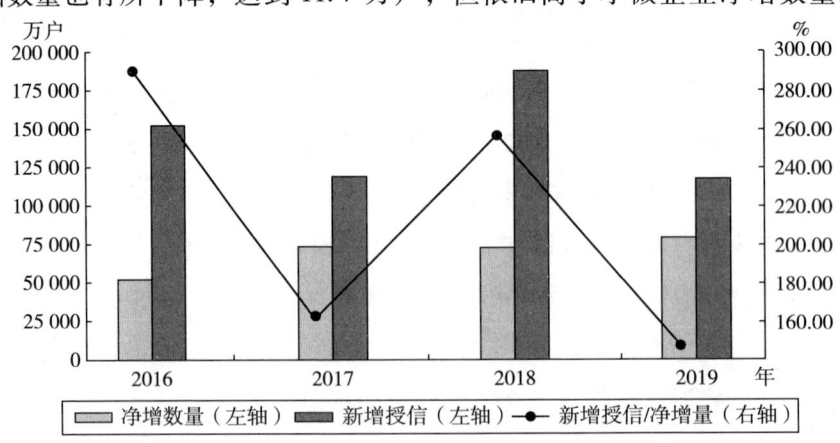

图 2–17　2016—2019 年台州小微企业新增授信与净增数量对比

2016年与2017年,每年新增授信数量多于净增小微企业数量。截至2019年末,新增小微企业授信数量达到净增数量的148%,说明金融机构提供的信贷供给一直高于小微企业的新增需求。

（三）小微企业贷款余额整体保持增长,增幅略有回升

2016—2019年,台州小微企业贷款余额逐年上涨,如图2-18所示,平均增速为11.91%,近4年小微企业贷款余额占全部贷款的42.20%。中国人民银行发布的《中国小微企业金融服务报告（2018）》[①]中指出,2018年全国小微企业贷款余额占全部企业贷款的32.1%,虽然2018年台州小微企业贷款比例有所下降,但依旧高于全国的平均水平,说明台州在小微企业贷款上有着较大的投放力度。截至2019年末,台州小微企业贷款余额为3 516.77亿元,同比增长15.02%,占全部贷款的47.82%,台州对小微企业的信贷投放总量持续增长。

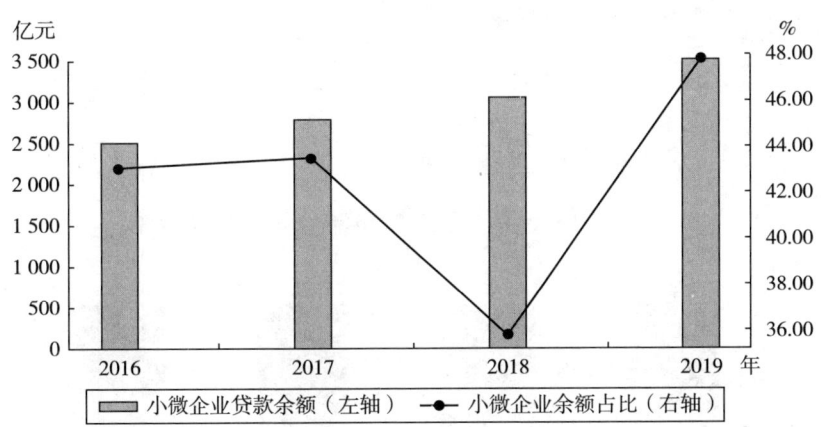

图2-18 2016—2019年台州小微企业贷款余额及占比

（四）城市商业银行授信额度占五成,开始发挥重要作用

将授信机构分为大型国有商业银行与政策性银行、全国性股份制商业银

---

① 中国人民银行,银保监会.中国小微企业金融服务报告（2018）[R].2019.

行、城市商业银行、农村商业银行、村镇银行及其他六类,其中前四类银行授信额度占比98.6%,对于台州市小微企业的发展起到了重要的支持作用。2016—2019年的具体授信总额如图2-19所示。截至2019年末,在授信总额同比下降41.7%的情况下,大型国有商业银行与政策性银行的授信总额大幅下降至4 348.50亿元,同比减少63.79%;城市商业银行的授信总额基本保持不变,且授信总额高于大型国有商业银行与政策性银行的授信总额,达到6 570.27亿元。如图2-20所示,大型国有商业银行与政策性银行的授信额度

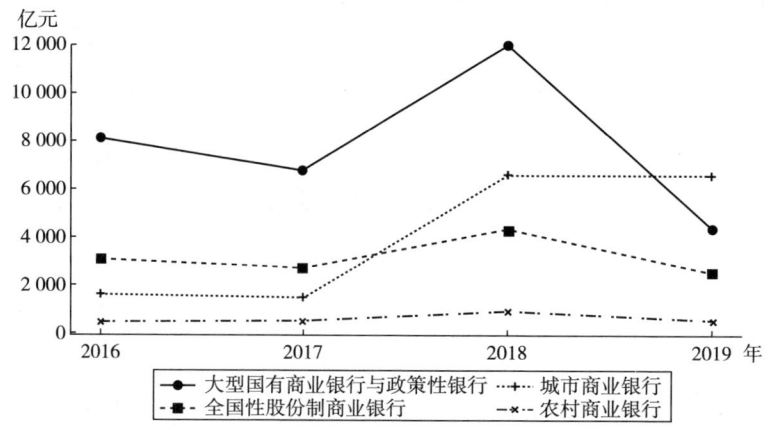

图2-19 2016—2019年台州各类银行各年度授信总额

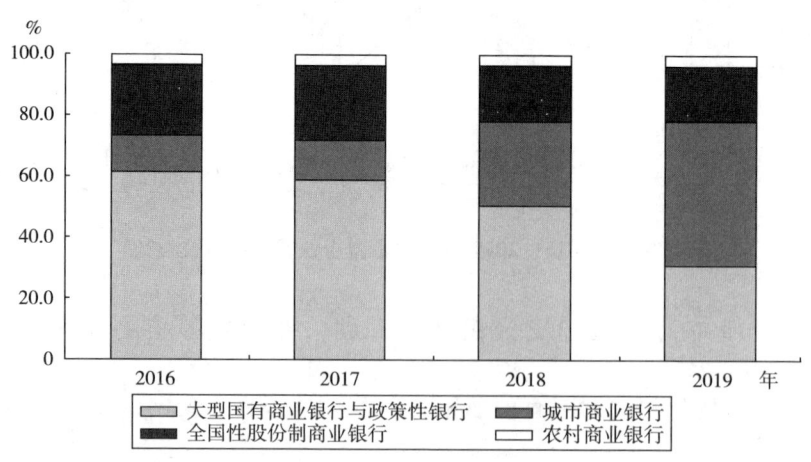

图2-20 2016—2019年台州各类银行各年度授信总额占比

所占比例近年来逐年降低,截至2019年末,所占比例为31.1%。城市商业银行所占比例逐年升高,截至2019年末,所占比例达到47.0%,说明城市商业银行在对小微企业的贷款扶持上起到越来越大的作用和影响。全国性股份制商业银行所占比例也有所下降,截至2019年末,所占比例为18.0%,而农村商业银行所占比例基本保持在4%的水平。

（五）授信额度大于已用授信额度,资金利用率未达饱和

台州市银行业金融机构近年来准确把握授信服务的力度和强度,2016—2019年小微企业授信额度与已用授信额度走势基本一致,如图2-21所示。台州金融机构提供的授信额度基本能够满足企业的融资需求。同时,有授信的小微企业的实际贷款资金与合同授信金额存在一定差距,企业授信的资金利用率没有饱和,金融机构的供给略超过企业的实际需求。

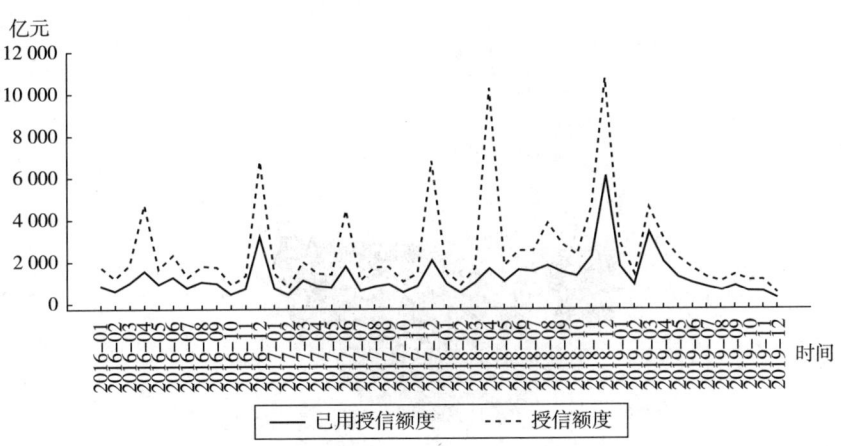

图2-21　2016—2019年台州各类银行各月授信与已用授信额度变化

三、台州小微金融服务主体和规模

（一）台州金融业保持平稳增长,形成多层次金融服务体系

台州市已形成以五大国有商业银行为主体,政策性银行、股份制商业银行、

邮储银行、城市商业银行、农村中小合作金融机构、新型农村金融组织等并存的多层次金融服务体系，与保险、证券期货机构以及各类大小金融中介机构共同构建了台州金融服务的大框架。台州辖区内现有银行业金融机构44家，证券机构111家，期货机构18家，保险业金融机构54家①，各机构的占比如图2-22所示。2019年，全市金融业保持平稳增长，实现增加值371.54亿元，占全市地区生产总值（5 134.05亿元）比重为7.24%，占第三产业增加值（2 512.07亿元）比重为14.79%。台州小法人金融机构众多，是全国少有的拥有3家专注于小微金融服务的城市商业银行的地级市。台州立足自身独特优势和良好基础，经过20多年的市场历练，已逐步形成了与以民营经济为主导、小微企业为主体的实体经济相匹配的金融服务体系，具有全国领先的小微金融服务水平，具有多元化、差异化的小微金融服务格局，具有特色鲜明的小微金融服务模式，创出在全国有广泛影响的"台州小微金融品牌"。

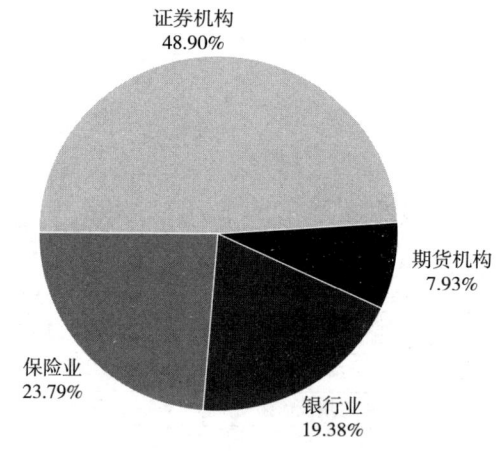

图2-22 台州各类金融机构占比

（二）台州银行业存贷款余额上升，不良贷款余额稍有回升

台州辖区内现有银行业金融机构44家，其中地方法人金融机构20家。

---

① 数据来源于台州市人民政府金融工作办公室《台州金融动态年报（2019年度）》。

2016—2019年各项存款余额逐年上涨,如图2-23所示。截至2019年12月末,全市银行业各项存款余额9 457.39亿元,同比增长11.02%[①],较2018年末增加938.47亿元。2016—2019年各项贷款余额逐年上涨,如图2-24所示。2019年各项贷款余额8 543.19亿元,同比增长16.17%,较2018年末增加1 188.85亿元。银行资产质量良好,2016—2018年不良贷款余额逐年下降,如图2-25所示。2019年不良贷款余额稍有回升,全市银行业不良贷款余额为70.58亿元,不良贷款率0.82%。

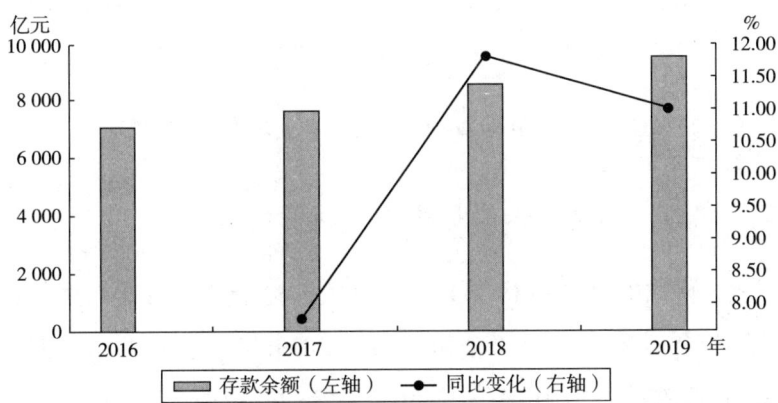

图2-23　2016—2019年台州银行业各项存款余额

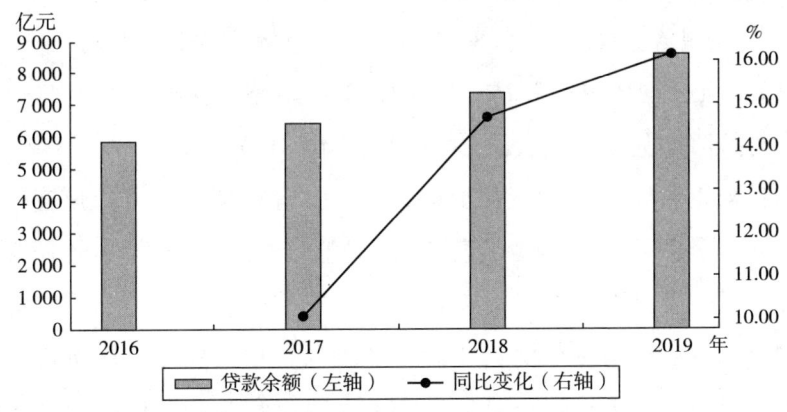

图2-24　2016—2019年台州银行业各项贷款余额

---

① 数据来源于中国人民银行台州市中心支行:《台州市金融综合月报(2019年12月)》。

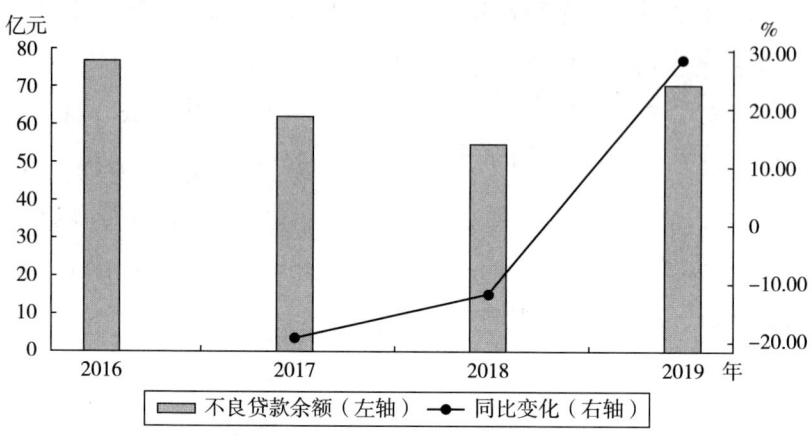

图 2-25 2016—2019 年台州银行业不良贷款余额

(三) 证券、期货及保险机构收入均有增长

台州辖区内共有证券机构 111 家，期货机构 18 家；保险业金融机构 54 家，其中财险公司 27 家，寿险公司 27 家。2019 年，全市证券经营机构代理交易额 2.81 万亿元①，同比增长 33.56%，实现营业收入 7.21 亿元，利润总额 2.67 亿元；全市期货经营机构代理交易额 1.55 万亿元，同比增长 14.21%，实现营业收入 2 305.86 万元，利润总额 -969.39 万元；全市保险费收入 192 亿元，同比增长 7.2%，其中，财产险公司保险费收入 77 亿元，人身险公司保险费收入 115 亿元，发生赔付支出 81.9 亿元。

小微企业保险发展面临两方面障碍：一是从保险公司的角度，由于小微企业数量繁多且风险程度普遍偏高，保险公司在处理与小微企业相关的保险合同时，需要进行严格的审查和风险把控，这极大提升了保险公司的人力物力成本；二是从小微企业的角度出发，相关保险产品价格较高，且公司自身盈利能力不稳定，很多小微企业即使有心投保也因为高昂的产品价格而却步。

---

① 数据来源于台州市人民政府金融工作办公室《台州金融动态年报（2019 年度）》。

但是，近年来互联网保险的快速发展和相互保险的开启，为保险业带来新的发展机遇，也为保险业服务小微企业提供了新思路。大数据的应用正在传统保险行业掀起自下而上的革命，有望改变传统的精算定价，采用不同的风险预测与量化模型对小微企业保险进行精准定价，打开小微企业保险的大门。总体而言，台州保险服务机构应该把握机遇，在服务小微企业上不断探索前行。

四、台州小微金融信贷服务与产品特色[①]

台州小微金融服务深化"两平台一基金"举措，有效提升小微企业融资获得率。坚持问题导向，强化创新意识。紧紧围绕小微企业融资难、融资贵问题，深入剖析原因，着力破解难题，有效提升了小微企业融资获得率，形成了可复制、可推广的做法和经验。

（一）利用信息共享平台整合小微企业信用信息，降低融资成本

台州建立了金融服务信用信息共享平台，将市场监管、国税、地税、法院、房管、国土等30个部门128大类，覆盖64万家市场主体的3.2亿条信用信息进行了整合汇集。该平台信息自动采集、实时更新，具备基础信息、综合信息、信用立方和正负面信息等四大类查询服务，并免费提供给银行使用。在此基础上，进一步开发运行小微企业信用评级、自动预警功能，为银行贷款授信提供深度参考。截至2019年12月末，已开设查询用户2 480个，累计查询量已达898万次，最高月查询量超20万次，被银行列入贷前调查、贷中审批和贷后管理的必经环节。2019年3月，银企融资对接平台上线，累计发布各类信贷产品213个，线上对接成功852笔，融资金额31.03亿元。同时，该平台还成为银行筛选优质客户的重要来源，有效降低银行获客成本，也使

[①] 部分资料和数据来源于台州市人民政府金融工作办公室《小微金改工作总结汇编（2020年3月）》。

小微企业节约了融资成本、缩短了融资时间。

（二）以商标专用权质押融资平台为抓手，破解小微企业抵押物不足问题

2015 年，台州成为全国首个商标质押贷款地方试点。2016 年 6 月，国家工商总局在台州召开注册商标质押融资工作经验交流会，在全国范围内推广台州经验和做法。率先开通国家商标局与台州受理点的数据专线，理顺登记、评估等关键环节，创新推出申请材料网上初审服务，再到受理点正式递交材料，确保商标质权登记受理"最多跑一次"。截至 2019 年 12 月末，累计办理商标质押登记 1 979 件，质押金额达 145.1 亿元，累计发放贷款 131.91 亿元。此外，台州市还积极深化开展应收账款、股权、排污权、专利权、海域使用权、承包土地经营权等各类权利质押融资。

（三）设立小微企业信用保证基金，破解小微企业"融资难、融资贵"等问题

台州市采取"政府出资为主、银行捐资为辅"的方式，设立了中国首个小微企业信用保证基金，并以省、市共建方式，开展信保基金扩容，将基金规模从 5 亿元扩至 10 亿元。进一步扩大区域覆盖面，实现下辖县（市、区）分中心全覆盖，将合作银行扩至市域所有银行。针对政府重点支持的行业与项目，推出"500 精英企业""创业贷款""农户贷款"等众多专项担保产品。截至 2019 年 12 月末，已累计为 19 011 家市场主体承保授信 33 245 笔，累计担保授信金额 332.95 亿元，在保余额 97.94 亿元。基金担保费率控制在年 0.75% 以内（大大低于 2%~3% 的市场担保费率），且不附加收取额外费用或增加第三方担保，有效破解小微企业"融资难、融资贵"、"担保难、担保累"、互保联保风险大等问题，被评为 2016 年"浙江省十大服务小微企业优秀项目"。

（四）提供众多信贷产品，满足小微企业群体差异化贷款需求

台州银行业金融机构不断下沉服务重心，延伸服务网点，降低融资门槛，努力实现小微金融服务"接地气"和普惠性。3家城市商业银行以近百档利率实施差异化利率定价机制，户均贷款不到30万元，保证担保方式占比超过70%，满足了小微群体差异化的贷款需求。各金融机构量身定制出多类别、个性化的小微金融产品200多个，如台州银行"小本贷款"、浙江泰隆商业银行"SG泰融易"、浙江民泰商业银行"民泰随意行"、台州农信"丰收小额贷款卡"等，金融产品创新走在前列。

（五）践行普惠金融之路，助力推进乡村振兴

台州农信系统坚持践行普惠金融之路，充分发挥农村金融主力军、普惠金融排头兵作用，助力推进乡村振兴。(1)推行网格化精准管理，"扫街扫企扫村扫居"，开展整村批量授信模式。(2)开发农村专项金融产品，推出美丽乡村贷、民宿贷、光伏贷、股权贷等与农村生产经营实际情况相适应的金融产品。(3)创新推出了"小微续贷通"产品，实现"零费用"的小微企业无缝续贷，切实降低小微企业融资成本。推进农村信用体系建设，扩大信用评定覆盖面，加强信用创建成果的运用。

五、台州小微金融总体信贷风险

（一）小微企业损失类贷款所占比例逐年减少，不良贷款结构不断优化

小微企业信用状况是金融机构对企业授信的重要参考，良好的信用状况有利于拿到后续授信合同，有助于小微企业健康长足的发展。部分小微企业在经营过程中出现问题导致无法按时归还贷款，每家银行都会对企业的贷款进行监控，一旦出现可疑、次级贷款，企业在下次贷款时就会增加贷款成本，

因此对于非正常贷款的研究具有重要意义。不良贷款包括次级贷款、可疑贷款和损失贷款。其中次级贷款是指借款人的还款能力出现明显问题，完全依靠其正常营业收入无法足额偿还贷款本息，贷款损失的概率在30%~50%。可疑贷款是指借款人无法足额偿还贷款本息，即使执行抵押或担保，也肯定要造成一部分损失，贷款损失的概率在50%~75%。损失贷款是指借款人已无偿还本息的可能，无论采取什么措施和履行什么程序，贷款都注定要损失了，或者虽然能收回极少部分，但对于这类贷款在履行了必要的法律程序之后应立即予以注销，其贷款损失的概率在75%~100%。

2016—2019年台州市小微企业不良贷款的分布如图2-26所示。其中次级贷款占比最大，达到55.09%，而可疑贷款损失类贷款占比36.44%，损失类贷款占比8.47%。

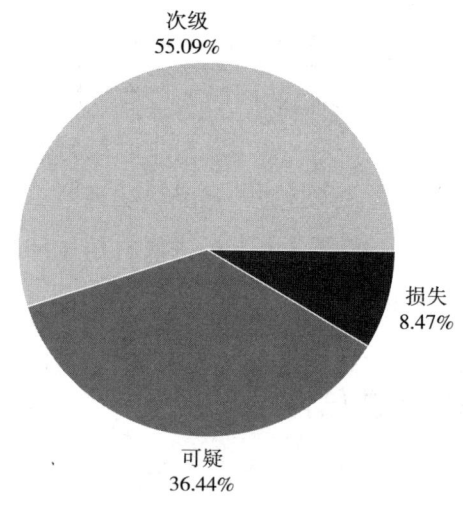

图2-26　2016—2019年台州小微企业各类不良贷款占比

依次分析每年的不良贷款结构，如图2-27所示。可疑贷款占比有一定下降趋势，损失类贷款占比近4年来逐年降低，2019年没有出现损失贷款，说明小微企业的不良贷款结构得到优化，损失类贷款占比得到明显控制。

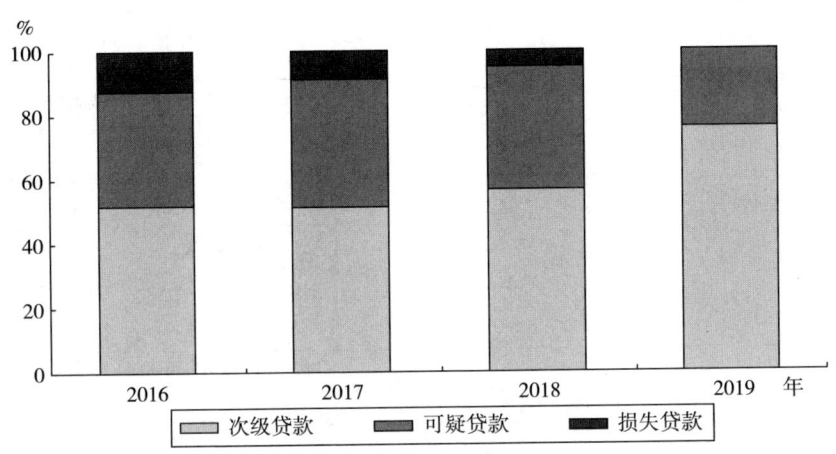

图 2-27　2016—2019 年台州小微企业各类不良贷款占比

（二）小微企业不良贷款余额和数量下降，信贷风险总体可控

2018 年，金融系统在多措并举改善小微企业金融服务的同时，也十分注重防范信贷风险。积极推动技术创新，提高金融机构风险控制能力；规范整治不当金融行为，促进金融与实体经济良性循环；不断丰富增信方式，建立企业守信联合激励和失信联合惩戒机制；用市场化、法治化方式推动违约处置，更好地发挥市场优胜劣汰作用。这些措施对防范小微企业信贷风险起到了积极作用。2016—2019 年的不良贷款数量如图 2-28 所示。截至 2019 年末，存在不良贷款的企业数量明显下降，从 2016 年的 1 777 家下降到 2019 年的 476 家，较上年同期下降 63.44%。2016—2019 年的不良贷款余额如图 2-29 所示，表现出逐年下降的趋势。截至 2019 年末，不良贷款余额为 19.32 亿元，降低 55.12%，不良贷款控制效果明显。由此可见，台州小微金融总体信贷风险逐年降低，信贷风险总体可控。①

---

① 数据来源于中国银保监会台州监管分局：《台州银行业监管统计月报（2019 年 12 月）》。

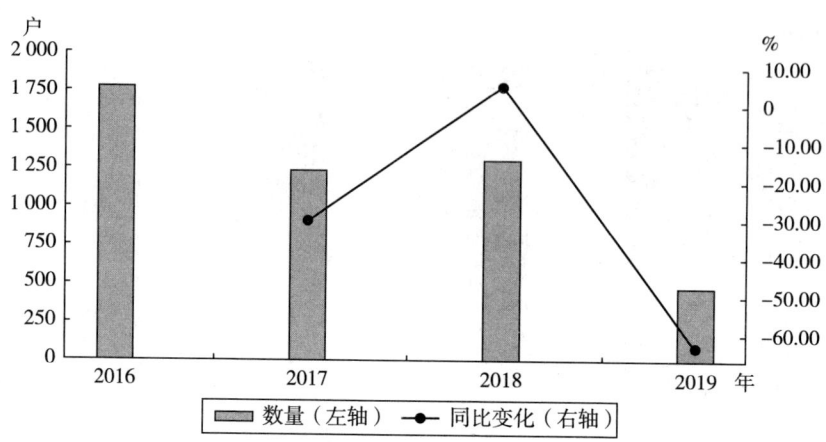

图 2-28　2016—2019 年台州小微企业不良贷款数量

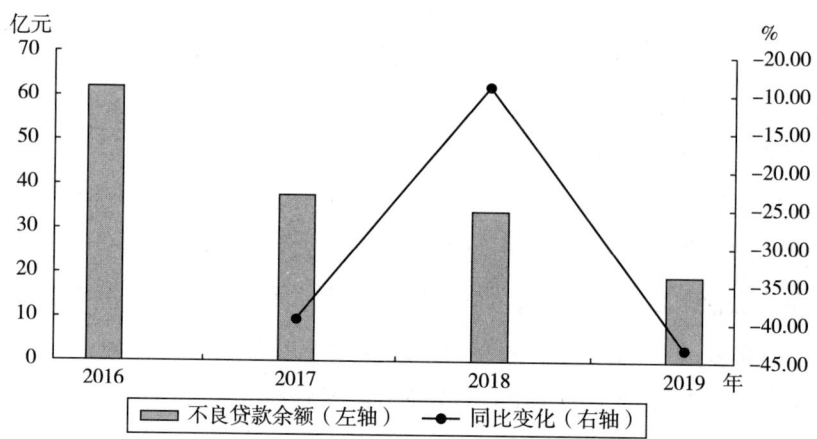

图 2-29　2016—2019 年台州小微企业不良贷款余额

第三章　台州小微金融多层次服务体系

一、普惠金融组织体系

普惠金融的概念最早是联合国在2003年提出的,并于2005年联合国倡议的"国际小额信贷年"活动后被广泛运用。2015年,国务院发布的《推进普惠金融发展规划(2016—2020年)》指出,普惠金融是指立足机会平等要求和商业可持续原则,以可负担的成本为有金融服务需求的社会各阶层和群体提供适当、有效的金融服务。健全普惠金融组织体系,是增强小微企业金融服务能力的基础。在2017年的全国金融工作会议上,习近平总书记强调,"要建设普惠金融体系,加强对小微企业、'三农'和偏远地区的金融服务,推进金融精准扶贫,鼓励发展绿色金融"。《2019年中国普惠金融发展报告》指出,"发展普惠金融,既是服务实体经济、服务人民生活的落脚点,也是金融供给侧结构性改革的重要任务"。小微金融作为普惠金融的重要组成部分,也是金融改革的重点。台州市是民营经济最具活力的城市之一,也是全国少有的拥有3家专注于小微金融服务的城市商业银行的地级市。经过多年市场历练,台州市已逐步形成了"以城商行、农商行为主体,以国有银行、股份制银行为两翼,以村镇银行、小额贷款公司、民间资本为补充"的多层次普惠金融组织体系,具有全国领先的小微金融服务水平,具有多元化、差异化的小微金融服务格局,探索出具有特色鲜明的小微金融服务的"台州模式",打造出在全国具有广泛影响力的"台州小微金融品牌"。

2016—2019年,台州市小微企业金融服务供给持续增加,各金融机构小微企业贷款余额与贷款户数均稳步增长,金融机构对小微企业的有效供给增加。如图3-1和图3-2所示,截至2019年12月末,台州市全部金融机构合计小微贷款余额为3 516.77亿元,同比增长15.02%;小微贷款户数为398 858户,同比增长4.74%。截至2019年12月末,全市已设立小微企业专

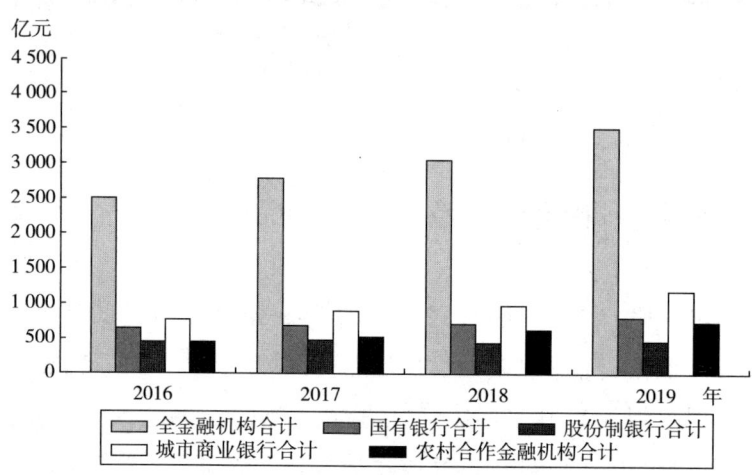

图3-1 2016—2019 台州市各金融机构小微贷款余额

(资料来源:中国银保监会台州监管分局2016—2019年的《台州银行监管统计月报》)

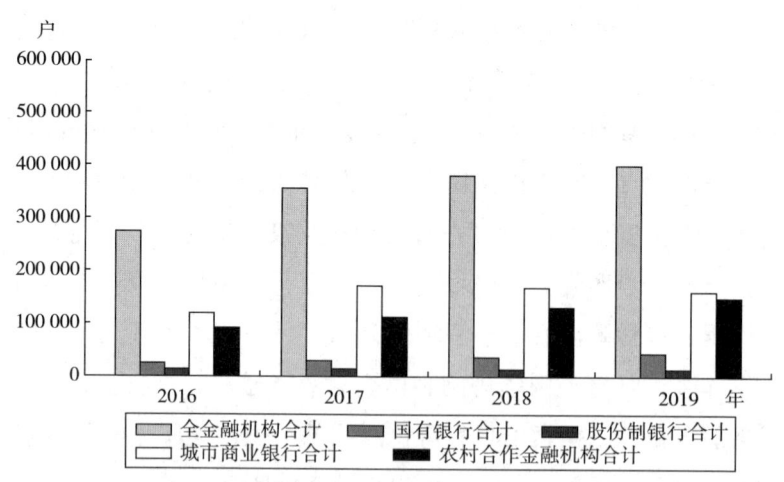

图3-2 2016—2019年台州市各金融机构小微贷款户数

(资料来源:中国银保监会台州监管分局2016—2019年的《台州银行监管统计月报》)

营机构352家、社区支行102家，认定了8家电商特色银行、23家科技特色银行、9家旅游特色银行、9家人才服务型银行和1家文化产业特色银行。台州市各金融机构致力于小微金融的发展，小微金融供给稳定增加，覆盖面也稳步拓宽。各金融机构发挥自身独特优势，助力普惠金融体系建设，普惠金融发展成效显著。

（一）以"小客户"挖掘"大市场"，独特的城市商业银行模式发展优势明显

台州市依靠3家城市商业银行（台州银行、浙江泰隆商业银行和浙江民泰商业银行）的独特优势，发展出一套独特的地方法人城市商业银行小微金融服务模式。3家城市商业银行自设立以来坚持服务小微企业群体，以"小客户"挖掘"大市场"，创造性地探索出了一套适合自身发展的小微金融商业发展模式和微贷技术，有效提高了信贷风控能力和信贷服务效率。

3家城市商业银行实行社区化、模型化、便利化的经营策略，实施"两有一无"（有劳动意愿、有劳动能力且无不良嗜好）低门槛的信贷准入模式，以"三贴近"（产品贴近需求、服务贴近客户、机构贴近市场）积极践行普惠金融，较好地满足了小微企业多元化、特色化、差异化的融资需求。针对小微企业缺乏抵（质）押物的问题，从中国传统文化着手，充分挖掘小企业主、农民和市民的信义文化，用"信用+道义担保"的方式把个人信用转化为信贷价值，有效突破了高度依赖抵（质）押的传统信贷模式，为普通客户成功申贷提供了一条"容易走、能实现"的路径。

截至2019年12月末，台州市城市商业银行合计小微企业贷款余额1 190.46亿元，同比增长21.26%；小微企业贷款户数为160 441户，同比下降4.10%。目前，3家城市商业银行小微企业（含个人经营性）贷款占比超过75%，信用和保证贷款占比超过75%，户均贷款不到30万元，500万元以下贷款户数占99%以上；在台州辖区内的市场规模约占18%，小微企业贷款余额占全市小微企业贷款余额总量的30%，已在辖区外设有500余家分支机构、170余家村镇银行总行及分支机构，商业模式在全国近20个省市成功复制。在全国资产规模1 000亿~2 000亿元的城市商业银行中，台州银行连续

三年竞争力排名第一,浙江泰隆商业银行排名第二。

(二)国有大型商业银行与股份制商业银行小微市场份额略有下降

近年来,各国有大型商业银行台州分行开始注重小微金融。台州辖区内各国有大型商业银行、股份制商业银行组建了形式多样、灵活有效的小微企业金融服务专营机构300多家,与城市商业银行、农村商业银行交叉服务小微企业。国有大型商业银行和股份制商业银行主动放下架子、扑下身子,不断创新机制、创新产品,扎根台州小微企业金融服务市场。如工商银行浙江省分行主动对接台州的小微金融改革,在台州举行小微企业融资新产品发布会,推出多款小微企业融资新产品。

截至2019年12月末,国有大型商业银行合计的小微贷款余额和小微贷款户数分别为3 516.77亿元和43 898户,分别同比增长13.40%和19.48%。与地方法人银行相比,国有大型商业银行的小微贷款机制虽不灵活,但胜在贷款利率水平偏低。2019年全年,国有大型商业银行的加权平均利率始终低于5%,约为城市商业银行的一半。户均贷款余额方面,截至2019年12月末,国有大型商业银行、股份制商业银行和城市商业银行的小微企业户均贷款分别为183.94万元、347.42万元和74.20万元,国有大型商业银行与股份制商业银行显著高于城市商业银行。

在城市商业银行对小微市场的强势攻略下,国有大型商业银行与股份制商业银行的小微贷款余额占全金融机构合计的比例均略有下降,尤其是股份制商业银行,2019年比2016年下降了近5个百分点,如图3-3所示。国有大型商业银行小微贷款户数占比呈现上升态势,户均贷款余额有下降的趋势。

(三)农村金融服务覆盖面不断扩大,民间融资发展平稳

党的十九大报告首次提出乡村振兴战略,明确提出要提高金融服务水平,把更多金融配置到农村经济社会发展的重点领域和薄弱环节,更好满足乡村振兴多样化的金融需求。台州市主动服务乡村振兴战略,实施金融惠农政策,完善农村金融市场、金融机构、金融产品体系,保障乡村振兴重点领域和关

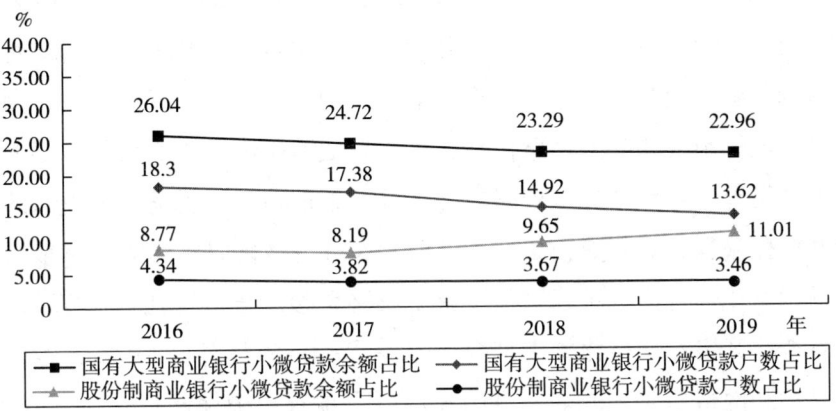

**图 3-3　2016—2019 年台州市国有大型商业银行
与股份制商业银行小微贷款占全金融机构比例**

（资料来源：中国银保监会台州监管分局 2016—2019 年的《台州银行监管统计月报》）

键环节的金融需求，重点加大对农业产业发展、农业经营主体、美丽乡村建设、乡村旅游发展等方面的信贷支持。台州市推进农村普惠金融发展，继续推行整村授信，优化村级金融网点布局，提高农村基础金融服务渗透率。

台州各家农商银行（以下简称台州农信）不忘"以农为本、因农而兴"的初心，坚持践行普惠金融之路，充分发挥农村金融主力军、普惠金融排头兵和普惠金融领导者作用，大力支持乡村振兴战略，主动作为小微金融改革。台州农信下辖 9 家银行，已全部完成从农村合作银行、农村信用联社向农村商业银行改制，共 187 个支行、402 个网点，员工 5 500 人。截至 2019 年 12 月末，台州农信各项存款余额为 2 073 亿元，贷款余额为 1 361.84 亿元，市场份额分别为 21.92%、15.94%。台州市 8 家村镇银行、31 家小额贷款公司和 2 家资金互助等新型金融组织也专注服务"三农"、个体工商户和小微企业。同时，台州市积极实践普惠金融，构建覆盖面更广的农村金融信用体系，大力支持农村信用体系建设，积极推进农村信用户、信用村（社区）、信用乡镇（街道）为主体的信用工程。截至 2019 年 12 月末，台州农信为农户建档 145.9 万户，占全市农户总数的 85.52%；评定信用村 1 950

个,信用村覆盖面 62.16%;信用户 124 万户,占农户总数的 72.68%。台州农信社辖营业网点 402 个,丰收驿站、便农服务点 3 632 个,实现对非空心村基础金融的全覆盖,服务渠道广度、深度均居台州银行业首位,为农业产业兴旺提供精准高效的金融供给,有效满足了农民日益增长的美好生活金融服务新需求。除此之外,台州农信下沉服务重心,打造满意度更高的农村金融网格化服务。台州农信始终坚持深耕农村网格化服务作为普惠金融的先导,以网格化管理为抓手,进一步激活农村金融服务的"毛细血管",建成全省首个社区银行网格化管理平台,配备"一格四员",并开展大走访、大服务活动和网格"见人知名、见图知位"大检查,确保网格走访落到实处。在全省农信系统中率先推出"贷款预授信"制度,"白+黑""5+2"提供家门口的网格批量授信服务。依托网格化,开展"百晓"系列服务,派驻客户经理担任村支部书记(村委会主任)助理,搭建金融服务"直通车",有效实现基础金融全覆盖。

在政策持续引导和技术创新的推动下,台州农信普惠金融事业发展迅速,实施乡村振兴战略成效显著。农村金融服务覆盖面不断扩大,"三农"领域金融支持力度不断加大,农民贷款的可获得性不断提升,农村普惠金融领域贷款体量进一步做大。截至 2019 年 12 月末,涉农贷款余额 1 128.1 亿元,占贷款余额的 82.84%;农村合作金融机构的小微贷款余额 750.31 亿元,同比增长 17.84%;小微贷款户数为 148 087 户,同比增长 12.98%。相比小微贷款余额,小微贷款户数更能体现小微金融服务的覆盖性。农村合作金融机构虽户均贷款余额不高,但小微贷款户数十分可观,几乎与城市商业银行持平。小微企业的申贷获得率,是银保监会对全国银行业金融机构服务小微企业三个考核指标之一。2019 年,农村合作金融机构申贷获得率小幅上升,最高达到 98.44%。小微企业融资获得率得到有效保障。

台州市民间融资创新试点平稳推进。如图 3-4 所示,截至 2019 年 12 月末,全市经批准设立的民间融资服务中心共 7 家,分布在椒江、黄岩(2 家)、路桥、温岭、天台、仙居等 6 个县(市、区),其中路桥、温岭 2 家为省级试点单位,实际注册资本总额 2.62 亿元。1—12 月,7 家民间服务融

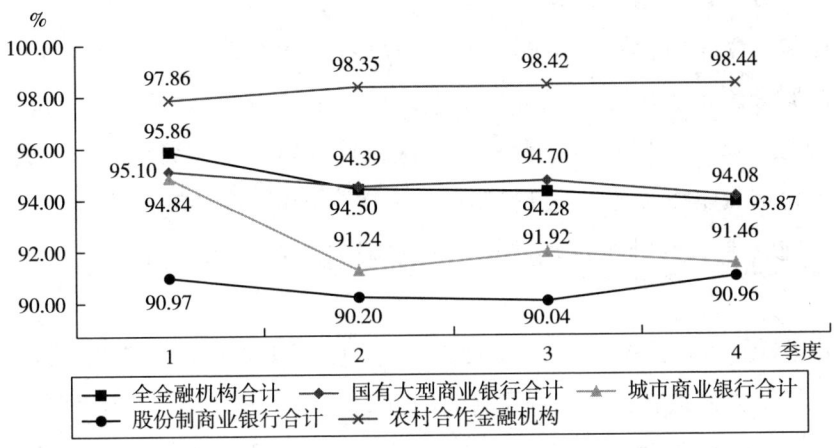

图 3-4　2019 年台州小微企业申贷获得率

（资料来源：中国银保监会台州监管分局. 台州银行监管统计月报［R］. 2019）

资中心累计匹配撮合 7 300 笔，资金达 52.73 亿元；12 月末匹配撮合 4 766 笔，余额 19.92 亿元，平均撮合利率 14.25%；1—12 月纳税总额 2 762 万元。自开业以来，累计匹配撮合 134 081 笔，累计资金 161.71 亿元。

二、信贷管理机制

小微企业贷款需求有"短、小、频、急"的特点，为了满足小微企业贷款的特殊需求，定制化的贷款审批、风险管理和贷款定价模式是十分必要的。良好的信贷管理机制不仅能帮助银行更加灵活地服务小微企业，更有针对性地对小微企业贷款进行贷前调查、贷时审查和贷后检查，而且满足了小微企业的需求，降低了贷款成本。台州市在提升贷款审批效率的同时严格把控信贷风险，以优惠的贷款定价让利小微企业，针对小微企业的独特信贷管理机制日渐成熟，具有全国领先水平。

（一）贷款审批机制

小微企业资金需求时间较急、周期较短，因此优化审批流程、提高审批效率十分关键。金融服务信用信息共享平台的海量数据，为金融机构进行快速的线上审批提供了可能。如以临海农商银行为试点，为该行提供数据定制服务，推动该行在全省率先建立集数据、平台、应用"三位一体"的"智慧小微"数字项目平台，一站式快捷获取企业关键信息，并通过建立自动化信贷审批模型，实现"小微易贷"产品在线申请、签约、放款、还款，纯线上3分钟内信用融资，有效解决企业贷款"难、贵、繁、慢"问题。

除了线上审批服务，台州市也努力提升线下审批的服务效能。2017年，台州市首创"社银联通"工程，将政府部门社保业务办理窗口延伸至合作银行基层网点，将小微金融改革与"最多跑一次"改革有机结合，让群众办事从"最多跑一次"提升到"就近最多跑一次"。目前，"社银联通"已升级为"政银联通"，并推行抵押登记一站式办理，实现由原先"3个部门3套资料跑至少3天跑6次"整合为"1个窗口1套资料1个小时最多跑一次"，抵押贷款登记流程由原来专人陪同"银行—登记部门—银行"，简化为贷款申请网点即可即时办理抵押登记。目前，台州已实现"社银联通"服务全覆盖，并获评浙江省民生获得感示范工程。同时，台州银行积极推进"移动工作站"智能终端的使用，提供"送上门、一站式"的金融服务。银行客户经理在走访过程中，可以直接使用携带的PAD完成线上申请贷款甚至代缴水电等服务，实现了客户"一次也不用跑"。而前端批量获客，中、后端切片分工作业的"半信贷工厂"模式，将原有的小本作业模式与信贷工厂模式相结合，把重复性强且频繁的工作内容标准化，推动了小微金融服务向信息化、批量化、集约化迈进。

（二）风险管控机制

台州市创新风险监测和查询，建立涉贷企业关停倒闭、风险防控工作"十张清单"等定期监测工作机制，全面、及时、真实掌握银行业的风险变化；在满足企业合理信贷需求的原则下，在授信核定、担保准入、贷后管理等方面，引导银行业金融机构不断创新充实风险防控手段；建立出险企业协调帮扶机制，出台风险防范处置工作预案，设立台州金融仲裁院，提升出险企业的处置效率。同时，台州市深化全国小微企业信用体系试验区建设，继续推广信用户、信用村（社区）、信用乡镇（街道）、信用县等区域信用创建和成果运用；充分发挥"天罗地网"在金融风险发现、预警、处置、反馈等方面的功能，加强大数据技术应用合作；加强各类地方金融组织监管，发挥好行业自律管理作用。依法严厉打击各类金融违法犯罪行为，守住区域金融风险底线。

小微企业信息获取难、有效信息少，加大了风险管控的难度。2014年7月，台州市设立金融服务信用信息共享平台，将市场监管、国税、地税、法院、房管、国土等30个部门118大类，覆盖65万家市场主体的3.2亿条信用信息进行了整合汇集，为银行提供授信参考，是银行贷前调查、贷中审批和贷后管理的必经环节，使银行第一时间、一次性、较全面地获取到分散在政府各部门的信息。同时，金融服务信用信息共享平台有力促进了社会信用环境建设，形成了"信用好—易贷款—更重信用"的良性循环。

台州市探索了一套适宜小微企业的风控模式，如台州银行"下户调查、眼见为实、自编报表、交叉检验"的十六字信贷调查技术和"三看三不看"的风险识别技术，浙江泰隆商业银行的"三三制"服务和"三品三表"信贷技术，浙江民泰商业银行的"看品行、算实账、同商量"九字诀等，让硬信息与软信息交叉验证，判断真实信息和实际需求，锁定优质信贷客户，有效提高了信贷风控能力和信贷服务效率。

2019年，台州市小微企业贷款中不良贷款余额最大值为11.5亿元，全年小幅波动；不良贷款率始终低于0.72%，5月和8月有小幅上升，8月见顶回落，12月略微上升，但总体水平较为稳定（见图3-5）。截至2019年12月末，全市不良贷款余额为70.58亿元，较年初增加15.62亿元；不良贷款率为0.82%，连续25个月保持1%以下，不良率和关注率总和1.55%，保持全省最低。同时惠普小微贷款的不良贷款率为0.87%，大大低于2019年全国惠普型小微企业不良贷款率的3.22%。

台州小微金融发展报告（2020）

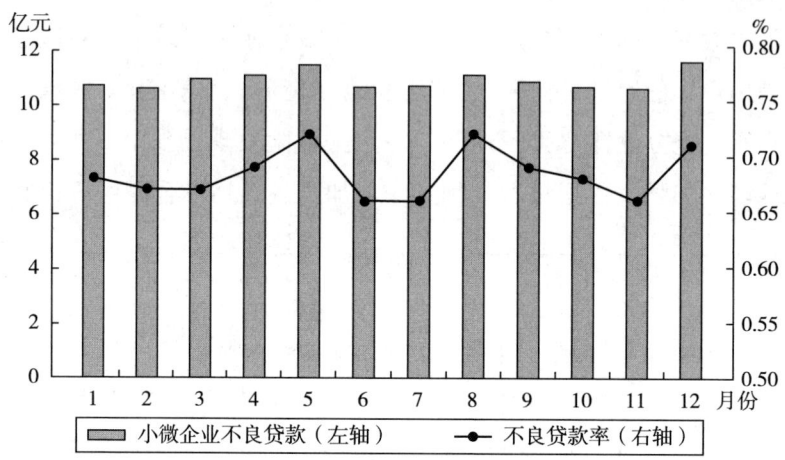

注：小微企业贷款指按照《国家统计局关于印发〈统计上大中小微企业划分办法（2017）〉的通知》（国统字〔2017〕213号）规定的小型和微型企业法人贷款。

图3-5　2019年台州市小微企业不良贷款情况

（资料来源：中国人民银行台州市中心支行．台州市金融综合月报［R］．2019）

台州银行的"下户调查、眼见为实、自编报表、交叉检验"和"三看三不看"

台州银行通过不断摸索总结和多年的实践经验，形成了十六字的"下户调查、眼见为实、自编报表、交叉检验"的信贷调查技术和"不看报表看原始，不看抵押看技能，不看公司治理看家庭治理"的"三看三不看"的风险识别技术。

"下户调查"指的是客户经理必须亲自走访到户，因为小微企业没有规范的报表，只有亲自到现场调查才能了解企业真实的经营状况。"眼见为实"指的是企业的生产状况、库存情况和销售情况必须一一亲眼验过。针对很多企业没有规范报表的情况，信贷人员根据亲眼看到的各种情况"自编报表"——资产负债表和损益表，并通过这两张自制报表决定贷款与否以及额度大小。最后一步很关键："交叉检验"。"交叉检验"是指通过借款人各类信息之间的勾稽关系验证信息真实性、准确性、完整性的方法。当所有验证方法取得一致结果时,准确性就高;不一致时,就说明调查有待深入,要么只有一个正确,要么全错。

"三看三不看"则是台州银行独有的风险识别技术。在审查企业资格时,信贷人员"不看报表看原始、不看抵押看技能、不看公司治理看家庭治理",捕捉最原始的信息,比如经营能力和家庭技能,以此判断和识别企业的还款能力与风险。

正是由于这一套独特的信贷调查技术和风险识别技术,台州银行才能够更加全方面地了解借款人的全貌,帮助更多不满足一般银行机构贷款基本要求的小微企业获得贷款,同时也大大降低了银行的不良贷款率。

(三) 贷款定价机制

按照商业可持续、保本微利的原则,人民银行、银保监会指导各银行金融机构将普惠型小微企业贷款利率保持在合理水平。台州市努力实现小微金融服务的"接地气"和惠普性,3家城市商业银行以近百档利率实施差异化利率定价机制。各金融机构量身定制出多类别、个性化的小微金融产品200多个,如台州银行的"小本贷款"、浙江泰隆商业银行的"SG泰融易"、浙江民泰商业银行的"民泰随意行"、台州农信的"丰收小额贷款卡"等。定价机制充分市场化,做到一户一价,一笔一价,一期一价,充分运用支小再贷款、小微金融债、绿色金融债等方面的差异化支持所创造的空间,让利企业,实现小微企业贷款利率的逐年降低。2014年,台州市设立中国首个小微企业信用保证基金,信保合作银行为企业提供优惠利率。捐资银行的利率上限为8.5%,非捐资银行的利率上限为6.5%。通过市场竞争倒逼利率高的银行降低利率,也助推社会整体利率的下降。据不完全统计,信保担保贷款利率平均下降了10%左右。

各金融机构也将各处减少的成本转化为利率优惠。银行普遍反映借助金融服务信用信息共享平台可一次性掌握企业销售、税收、电费、银行授信等各类信息,节省了调查时间及借款人的资料准备成本,降低了银行获客成本。

调查的 26 家银行业金融机构表示，原对一个潜在小微客户贷前调查平均耗时 20 小时，成本约 400 元，现借助该平台几乎零成本，从而银行将节省的成本转化为企业贷款利率优惠。

台州市狠抓关键，提高合格审慎评估通过率和覆盖面，促进金融机构加入市场利率定价自律机制。市场利率定价自律机制是指由金融机构组成的市场定价自律和协调机制，旨在符合国家有关利率管理规定的前提下，对金融机构自主确定的货币市场、信贷市场等金融市场利率进行自律管理，维护市场正当竞争秩序，促进市场规范健康发展，金融机构可通过合格审慎评估加入该机制。台州市政府对照财务约束、定价能力、定价行为和定价影响等 4 大类 14 项指标，组织符合条件的法人机构开展预评估，及时发现不足和问题，对预评估未通过的机构进行一对一实地辅导，重点跟进其整改工作，确保一次性通过合格审慎评估，并指导做好年检工作。2018 年末，全市 20 家法人机构已全部成为利率市场自律机制成员。

台州市促进贷款利率降低成效显著，各金融机构加权平均利率整体下行。如图 3-6 所示，2019 年，台州市民间借贷加权综合利率水平呈现下降趋势，

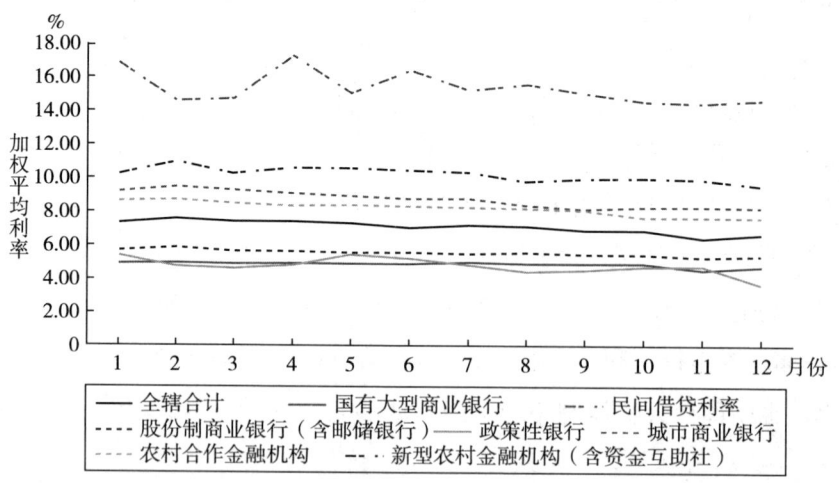

注：本图数据不包括个人商业性住房贷款。

图 3-6 2019 年台州市银行业人民币贷款与民间借贷利率水平情况

（资料来源：中国人民银行台州市中心支行. 台州市金融综合月报 [R]. 2019）

在上半年有明显震荡，下半年波动减缓，从1月的16.83%下降至12月的14.65%，并在11月份达到全年最低的14.47%。全辖合计加权平均利率也呈下降态势，从1月的7.32%下降至12月的6.65%，并在9月份之后稳定保持在7%以下。其余各指标相比1月都有下降，国有大型商业银行、政策性银行、股份制商业银行（含邮储银行）、城市商业银行、农村合作金融机构、新型农村金融机构（含资金互助社）的加权平均利率分别较1月下降0.16个、1.76个、0.33个、0.92个、0.99个和0.72个百分点。

三、创新信贷产品服务

台州市是民营大市，小微企业数占全市企业总数的99%以上。小微企业多样化、个性化的金融服务需求，对银行业金融机构产品和服务的创新也提出了较高的要求。台州市率先试点商标专用权质押融资工作和设立中国首个小微企业信用保证基金，同时定制多种特色信贷产品，金融产品创新走在前列。

（一）创新还款续贷方式

针对小微企业续贷难、"过桥"资金成本高等问题，台州市大力推进还款方式创新，简化续贷办理流程。从农村商业银行"小微续贷通"开始试点，逐步在全市推广无还本续贷，全市银行业金融机构推出还款方式创新产品近百款，惠及26.19万户企业，将客户平均转贷天数压缩至3.8天。充分运用无还本续贷、年审制等创新方式，确保应续尽续，创新还款方式后贷款余额达到1 500亿元以上，其中无还本续贷余额达到500亿元以上。台州市各银行为各行业各区块量身定制多种特色信贷产品，让客户有充足的选择空间，可依照自身的生产周期、资金需求和成本效益实现自我管理、自由组合。例如，一次授信、随用随借、随借随还、自助循环使用的"融e贷"信贷产品；锁定未结清业务、提前办理、实现"T+0"续贷的"预审批"功能和"接力贷"信贷产品。同时引导金融机构延长民营企业、制造业信贷期限。提前嵌入年审制、预审制与循环式服务，减少贷款过桥费用。截至2019年12月末，全市小微企业信用贷款余额为281.78亿元，较年初增长37.04%；全市中长期贷款余额为3 911.19亿元，同比增长22.39%，高于短期贷款增速12.76个百分点。

> **台州农村商业银行创新"小微续贷通"**
>
> 　　此前，小微企业贷款到期后，若需续贷，一般要先还本金和利息，然后由银行根据企业经营情况、负债率、企业主信用等，决定是否继续放贷。这种"先还后贷"的还款方式让不少小微企业倍感压力，导致在"转贷"过程中背上高成本负担。2019年1月31日，台州农村商业银行系统全面上线推广"小微续贷通"业务，充分发挥差异优势，为小微企业解决转贷难题。
>
> 　　浙江省农信联社台州办事处主任张宇介绍，"小微续贷通"是台州农村商业银行系统创新推出的到期转贷无缝衔接、无附加转贷费用、"负面清单"管理普惠式享受的业务，"零周期、零费用、普惠式"的特点，能有效为企业贷款到期转贷清理不必要的"过桥"环节，从源头上降低民营企业融资费用负担，有效支持民营企业发展壮大。
>
> 　　以一家企业一年期贷款500万元到期为例，使用转贷基金转贷费率每日1‰计算，每日需要支付5 000元，3天起算，企业需要支付1.5万元转贷费用。倘若按照台州农村商业银行系统企业贷款约0.2‰计算，500万元贷款转贷只需要支付与原贷款利率一样的每日1 000元正常贷款利息，真正达到"零周期""零费用"。
>
> 　　台州市金融办副主任杨耿彪说："台州农商银行系统审时度势、主动作为，创新推出'小微续贷通'产品，切实降低小微企业融资成本，缓解小微企业融资贵问题，为破除民营经济的融资高山提供了台州农商素材、台州农商实践、台州农商经验，也进一步丰富了台州国家级小微金改的内涵。"

（二）拓宽抵（质）押物范围，降低准入门槛

知识产权是经济发展的重要资源和竞争力的核心要素，商标专用权质押融资是知识产权质押贷款的重要内容。为积极探索权利质押融资试点，唤醒

企业沉睡的无形资产,多路径化解企业有效抵押物不足问题,台州率先试点商标专用权质押融资工作。台州市政府和银行将"商标贷"这一冷门又烦琐的贷款方式进行大力推广。2015年,台州成为全国首个商标质押贷款地方试点,并开通了数据专线实现远程同步受理,建立起一套较为完备的"异地受理、同步审查、异地发证、集中归档"工作程序。通过引进良好资信的商标评估机构、采用贷款银行对注册商标进行协议评估等方式,构建起良性竞争的评估市场。出台政府风险补偿政策,充分调动银行积极性,大力破解"评、贷、还"等环节阻滞瓶颈。2016年6月,国家工商总局在台州召开注册商标质押融资工作经验交流会,在全国范围内推广台州经验和做法。如图3-7所示,截至2019年12月末,台州已累计办理商标专用权质押登记1 979件,占全国同期总量的30%,涉及注册商标4 143件,质押金额达145.1亿元,累计发放贷款131.91亿元,贷款余额37.13亿元。

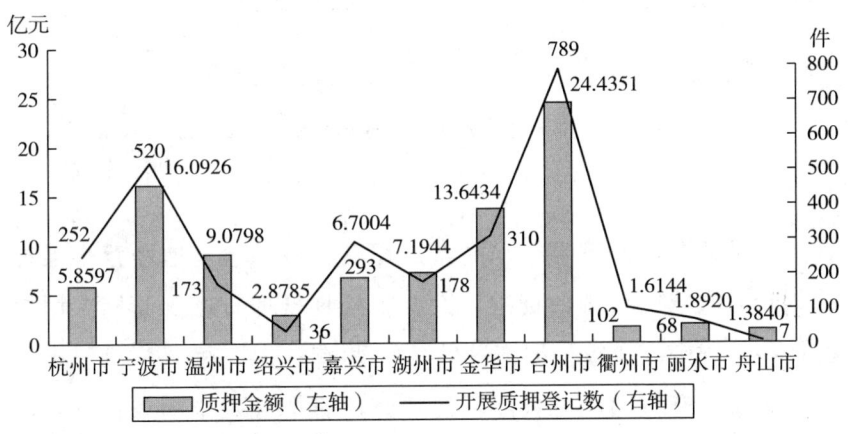

图3-7 浙江省2019年开展质押登记数据情况

《2019年浙江省商标品牌发展报告》[①] 显示,2019年浙江省商标质押登记数居全国首位,占全国同期办理总量的1/3。台州市无论是商标质押金额还是商标质押登记数量都稳居全省首位,在全国更是占据领先地位。如图3-8所

---

① 浙江省市场监督管理局. 2019年浙江省商标品牌发展报告[R]. 2019-05-08.

示，2019年，台州市商标权质押融资余额呈现先降后升的态势，在8月之后持续上升，全年始终保持在30亿元以上，并在12月创下年内新高。商标专用权质押融资不仅拓宽了企业融资的渠道，更推动了品牌战略的实施，提升了品牌价值。此外，台州市还积极深化开展应收账款、股权、排污权、专利权、海域使用权、承包土地经营权等各类权利质押融资。

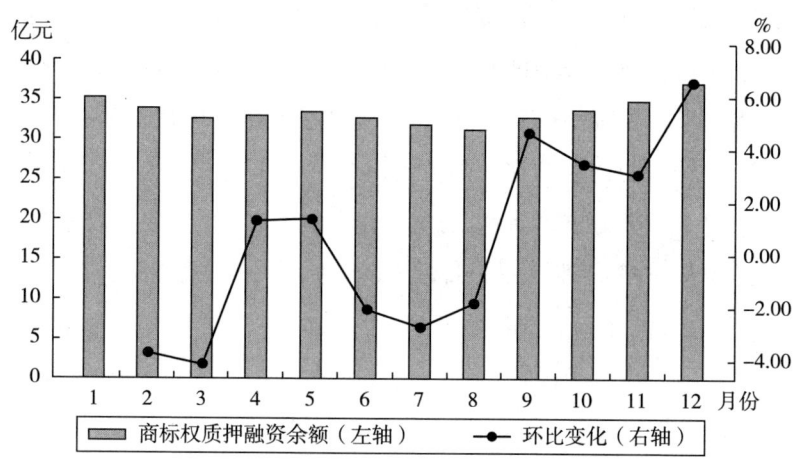

图3-8 2019年台州市商标权质押融资余额情况

（资料来源：中国人民银行台州市中心支行．台州市金融综合月报［R］．2019）

针对农民抵押物少等难点和痛点，开展农村承包土地经营权抵押贷款试点，创新海域使用权抵押贷款、大型农机具抵押贷款、商标专用权质押贷款等产品。城市商业银行创新独特的"两有一无"模式，只要申请人满足有劳动意愿、有劳动能力且无不良嗜好这三个最基本的条件，就可以在银行申请贷款，这使得一些缺少营业执照但正常经营的家庭小作坊也能获得贷款。

如图3-9所示，2019年，台州市小微企业抵（质）押贷款呈现上升态势，12月相比1月上升了7.30%。其中，小型企业抵（质）押贷款年中虽有小幅回落，但总体呈现上升态势，12月相比1月上升了8.96%。微型企业抵（质）押贷款先降后升，12月相比1月下降了3.22%，基本保持稳定。

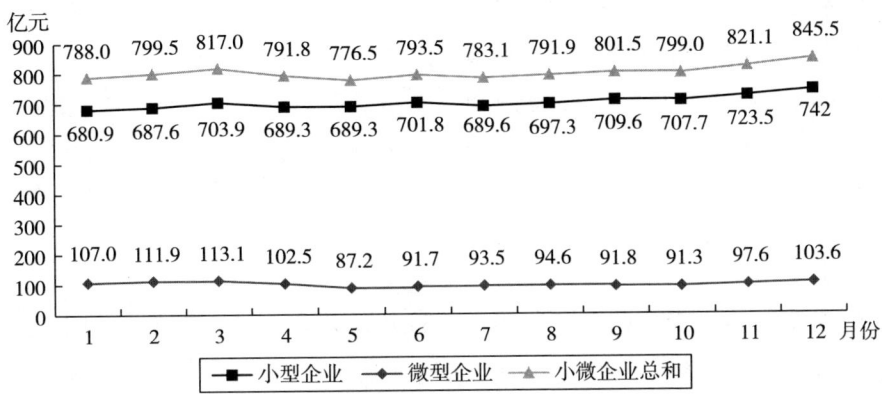

图 3-9 2019 年台州市小微企业抵（质）押贷款情况

（资料来源：中国人民银行台州市中心支行. 台州市金融综合月报 [R]. 2019）

志强涂料：商标贷雪中送炭，挽救涂料厂于生死一线

2015 年初，志强涂料从老厂搬到了新厂，并引进了一套新型的生产线，想进行企业的升级转型。但由于经验不足，装备做到一半，预算就严重超支了。原计划装备的钱是 1 500 万元，但实际需要 3 000 万元，大大超乎董事长卢志强的预期。当时厂里再也没有抵押物可以抵押了，企业生存危在旦夕。

卢志强说："大量的民营企业，不可能堆着多少钱再转型，都是在一边过着紧日子，一边又在梦想把企业做得更大更好，都是负重拼搏。我听到更多的只有雪上加霜，而没有雪中送炭。"就在这危难关头，卢志强没有想到，他的涂料的名字"志强漆"，这样一份无形资产，竟然可以作为抵押资产贷出资金。而在过去，商标贷手续烦琐，不但周期长，而且还要跑到北京去办理，因此很少有银行推荐。但在 2015 年，台州市申请了全国首个商标质押办理点，商标贷的办理开始变得高效快捷。

卢志强说："品牌是有价值的，但谁到银行里面去，真金白银地贷出来，这是我几十年办企业所不敢想的。"事情得到确认后，卢志强迅速向银行提交了相关材料。经营28年的志强涂料早已经成长为浙江省著名商标，所以仅仅几天时间，这笔贷款就顺利入账，卢志强以估计5 000多万元的商标价值作为抵押资产，终于填补了这笔资金缺口。

（三）信用保证基金

针对企业担保难的问题，台州市采取"政府出资为主、银行捐资为辅"的方式，于2014年11月设立了中国首个小微企业信用保证基金（属非营利性质基金，以下简称信保基金）。信保基金年担保费率为0.75%，且不附加收取额外费用或增加第三方担保。信保基金实行风险共担机制，由银行推荐贷款担保对象，基金和银行共同承担风险。基金首期规模为5亿元，经过一年多运作，规模扩至10亿元，合作银行扩至26家，实现下辖县（市、区）分中心全覆盖，被评为2016年"浙江省十大服务小微企业优秀项目"。信保基金作为台州市推进国家级小微企业金融服务改革创新试验区的标志性举措之一，在授信审核、风险防控和政策担保方面都有一套适应小微企业授信的机制。信保基金平台主要做法如下：

1. 建立适应小微企业授信的审核评价机制。第一，下放审批权限。分级审批、随机审批，通过审批权限的下授，使一定额度内的信保业务在当地快速完成审批。第二，弱化报表数据。根据小微企业的特点，信保中心在审核时会有所侧重，不注重财务报表的内容，重点核实企业的销售、纳税、征信及其他"软信息"，建立业务审核的"三查询""五核实"流程，审核要点以企业实际经营情况和信用状况为主。第三，完善内控机制。建立内部激励约束机制和尽职免责制度，激发审核人员工作能动性；建立廉洁自律机制和审核人员关系人报备制度，严控道德风险；建立严格的事中、事后风险检查稽核制度。建立限时办结制度，提高业务审核效率。第四，推进自主保证。在限定规则内，由合作银行自主审批，信保中心事后承保，最大限度地提升服务效率。

2. 建立四大风控机制。第一，风险共担机制。信保中心采取与捐资合作银行风险 8∶2 共担、与非捐资合作银行风险 6.5∶3.5 共担的机制，从而要求银行对业务风险要有一定的把控。第二，单独风险控制机制。通过对合作银行限定担保额度上限及设置警示线、暂停线，引导银行对限额内的业务风险有总体的把握；通过设置暂停缓冲期，引导银行通过做大业务量降低不良指标。第三，风险分担机制。信保中心与浙江省担保集团有限公司（以下简称省担保集团）建立合作，合作期限内办理的符合省担保集团要求的业务在限额内由其再担保，在再担保业务上限及代偿上限内出现的信保逾期代偿，省担保集团分担 50% 的风险，有效增强了抗风险能力。第四，风险补充机制。信保中心合作区域政府、银行分别在代偿金额达到出资及捐资金额的 50% 时，按不同比例及时补充给信保中心，确保业务的可持续发展。

3. 政策性担保机制。第一，政策性优惠。担保费率为年化 0.75% 以内（远低于市场 2%~3% 的费率），信保合作银行为企业提供优惠利率，捐资银行的利率上限为 8.5%，非捐资银行的利率上限为 6.5%。第二，政策性专项。从政府扶持政策、政府部门服务措施、扶持地方支柱产业及银行需求等纬度出发，推出"500 精英企业""创业担保贷款""农户贷款"等专项担保产品，一些专项产品以免审核、免保费等形式放大政策效用。第三，政策性约束。结合各级政府环保检查及"三改一拆"有关工作，全面排查各县（市、区）环保涉改企业名单及"三改一拆"企业名单，对环保、安全等不达标企业根据实际情况严把准入、严控续保额度等，配合政府相关工作，倒逼企业改造、转型、升级。

信保基金的设立，缓解了企业担保难、互保累的问题，降低了企业或有负债和隐性融资杠杆，帮助企业脱离两链风险。信保基金的利率优惠也化解了企业融资贵的问题。信保中心设定银行利率上限，通过市场竞争促使利率高的银行降低利率。信保基金的审核要求引导企业重视信用建设，提升经营者信用意识，推动银行从企业经营角度关注企业经营发展而非仅为资产的保障。

截至 2019 年 12 月末，信保基金已累计为 19 011 家市场主体承保 33 245 笔，累计承保金额 332.95 亿元，在保余额 97.94 亿元，接近百亿元。2019

年,小微企业信保基金承保笔数稳定增长,每季度约增长 3 000~4 000 笔,第四季度末相比第一季度末增长 48.69%。第四季度末的累计服务企业数相比第一季度末增长 24.63%,在保户数也在第二季度突破 1 万户大关(见表 3-1)。众多无法得到有效担保、融资困难但生产经营情况尚好的企业获得信保中心的担保,减少了两链风险爆发的隐患。

表 3-1　2019 年台州市小微企业信用保证基金服务情况

时间	累计承保数量（笔）	累计担保授信金额（亿元）	累计服务企业（户）	在保企业（户）	在保余额（亿元）
截至第一季度末	22 358	248	15 254	9 689	83.26
截至第二季度末	26 037	275	16 133	11 221	93.58
截至第三季度末	29 023	301	17 472	12 170	99.2
截至第四季度末	33 245	332.95	19 011	11 796	97.94

资料来源:台州市人民政府金融工作办公室《台州金融动态(2019 年第一季度)》、《台州金融动态(2019 年上半年)》、《台州金融动态(2019 年第三季度)》和《台州金融动态(2019 年度)》。

四、票据、债券、股权市场融资服务

2018 年 11 月 9 日,李克强总理主持召开国务院常务会议,会议指出:"创新融资工具,深化多层次资本市场改革,支持更多小微企业开展股权、债券融资。"地方小法人机构由于品牌效应弱和机构网点少,资金来源渠道窄,进而导致其支持实体经济能力受限。为此,台州市大力推动小法人金融机构改变过去主要依赖人员拉存款的被动局面,积极向金融市场要资金,运用公司债、企业债、中期票据、短期融资券、资产证券化等融资工具,拓展资金来源渠道。2014 年,台州市政府出台《台州市人民政府关于扶持企业直接融资发展的若干政策意见》(台政发〔2014〕35 号),指导和推动更多企业利用境内外资本市场、债券市场、场外市场等开展直接融资。

(一)票据融资余额增长

票据具有期限短、便利性高、流动性好等功能特点,能够实现商业信用和银行信用的叠加,较好地契合了小微企业生产经营特点和融资需求。截至2019年12月末,台州市金融机构票据融资贷款余额为275.98亿元,同比增幅49.11%,票据市场资金供给有所增加,对小微企业支持力度加大。

(二) 债券市场发行有力

台州市根据各行实际"分层、分阶段"逐步推进,明确年度重点发行债券品种,2016年重点推动小微金融债券,2017年重点推动小微企业信贷资产证券化和绿色金融债,2018年重点推动"三农"金融债、二级资本债和永续债等。三年来累计发行小微金融债123亿元、二级资本债80亿元、永续债16亿元、绿色金融债16亿元、"三农"金融债2亿元,其中台州银行是全国首家发行永续债的城市商业银行,累计发行小微企业信贷资产支持证券79.52亿元。各类债券发行,不仅畅通了小法人金融机构向市场要资金的渠道,增强了其流动性管理能力,而且大大改善了负债结构,壮大了资本实力,有效提升了服务小微企业的能力。

2019年,台州市债券融资350.59亿元,较上年增长19.72%,主要是国有平台发行各类债券170.01亿元和银行机构发行债券融资151.69亿元。2019年,路桥区债券融资174.49亿元,占全市的49.77%。市本级、椒江区、黄岩区和温岭市的债券融资金额也都在25亿元以上(见图3-10)。

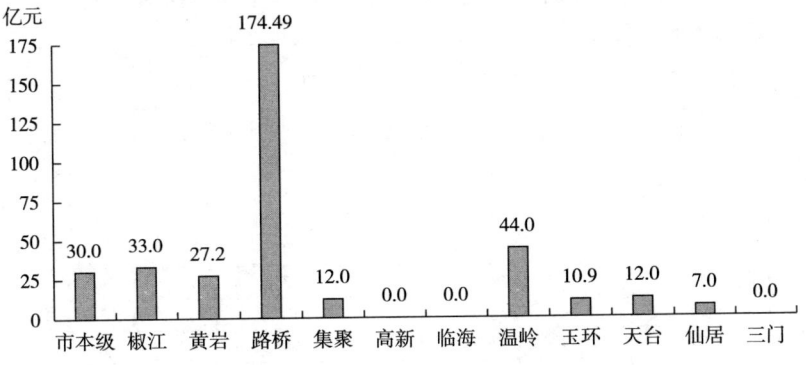

图3-10　2019年台州市各地区债券融资情况

(数据来源于台州市人民政府金融工作办公室《台州金融动态(2019年度)》)

（三）夯实对接资本市场基础，上市实现突破

台州市深化与浙江股权交易中心合作，共建"台州小微板"，实施"雏鹰计划"，优选全市高质量科技型小微企业开展精细化、精准化服务，构建"规范培育、直接融资、转让交易和股权定价"等金融创新服务体系。同时，台州市积极开展全程企业挂牌服务和企业联合辅导中心两个服务平台试点，发挥市场化机构优势，对符合条件中小微企业从培育发展到推动新三板挂牌进行全程和前期"零"收费服务；联合本区域优质中介机构，对面广量大中小微企业提供"一站式"全方位法律、财务、税务、管理咨询、人力资源以及贸易服务等业务。

截至 2019 年 12 月末，台州全市共有上市公司 55 家，已报在审企业 9 家（主板 5 家、创业板 2 家、科创板 1 家、香港主板 1 家），其中 A 股上市数居全国地级市第 4，中小板上市数居全国地级市第 3，形成了证券市场"台州板块"，试验区批设以来新增上市公司 18 家。新三板与浙江股权交易中心挂牌数分别达到 50 家和 832 家（见表 3-2）。2019 年，台州市完成股权融资 32.89 亿元。迈德医疗科创板成功上市，使台州市成为浙江省内仅次于杭州和宁波实现科创板上市的城市。台州水务香港主板成功上市，实现了台州市直属国企上市和 H 股形式上市零的突破。

表 3-2　2019 年台州市上市、挂牌与直接融资情况　　单位：家

项目	新增 IPO 数	在辅导数	已报在审数	上市公司总数	新挂牌新三板数	新三板总数
市本级	1	0	0	1	0	1
椒江	0	0	0	8	0	2
黄岩	0	0	1	5	1	5
路桥	0	2	0	3	0	3
集聚	0	0	0	1	0	0
高新	0	1	0	1	1	6
临海	0	3	0	7	1	11
温岭	0	2	2	9	1	9
玉环	1	0	1	7	0	3
天台	0	1	4	6	0	2
仙居	0	1	0	4	0	3
三门	0	0	1	3	0	5
合计	2	10	9	55	4	50

资料来源：台州市人民政府金融工作办公室《台州金融动态（2019 年度）》。

如图3-11所示,按地区来看,临海市和温岭市的新三板总数最多,共占全市新三板总数的40%,新挂牌新三板数也占了全市的50%。温岭市、椒江区、和临海市的上市公司最多,共占全市的44%。三门县与临海市股权融资金额最多,分别达到了14.7亿元和10.87亿元。

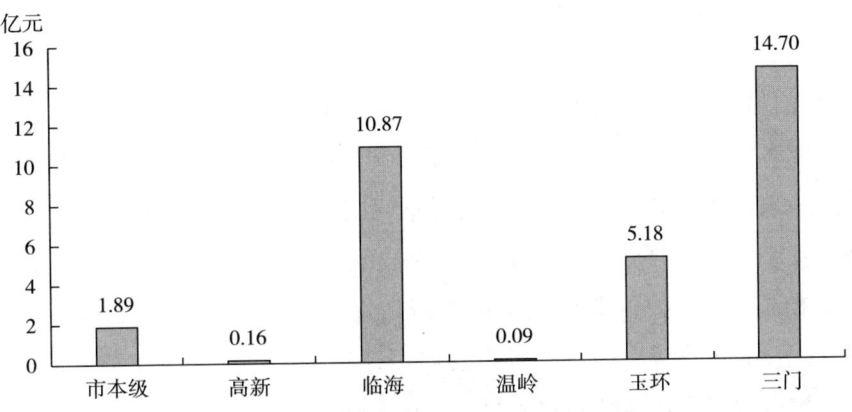

图3-11　2019年台州市各地区股权融资情况

(资料来源:台州市人民政府金融工作办公室《台州金融动态(2019年度)》)

五、天使投资和创业投资

中小微企业是创业创新的活力源泉,但在发展初期总是受到资本不足的制约。天使投资和创业投资是中小微企业创业初期的重要融资渠道。台州市发挥政府引导基金作用,成立台州金投公司,已设立天使梦想基金、人才创业基金、瞪羚科创基金等科创基金及南方科技大学创新基金、清华长三角研究院基金等12个创投基金、合作类基金。2016年,人民银行台州市中心支行、台州市人力资源和社会保障局、台州市财务局、台州市人民政府金融工作办公室联合印发《台州市创业担保贷款实施办法(试行)》,从小微企业信用保证基金可承保额度中拿出2亿元作为台州市创业担保贷款基金,符合条件的个体户可以获得最高30万元的创业担保贷款,符合条件的中小微企业最高可获得300万元的贷款,并且有优惠的贴息政策,对"重点人群"按贷款实际发放利率给予全额贴息,贴息期限最长可达三年。"创业担保贷款"入榜"2017年度中国就业十件大事及地方就业创新事件"。同时,创投、创业辅导机构加快进驻台州,为小微企业提供融资、"融智"服务。

六、金融科技运用

金融科技是技术驱动的金融创新,主要是指由大数据、区块链、云计算、人工智能等新兴前沿技术带动,对金融市场以及金融服务业务供给产生重大影响的新兴业务模式、新技术应用、新产品服务等。在新一轮产业革命的背景下,互联网、大数据、云计算等新兴技术被融合到金融业务中,金融科技蓬勃发展,在推动银行业金融机构改造信用评分模型、提高营销获客能力、增进贷款投放效率等方面发挥了重要作用,显著提升了金融服务的质量与效率,给银行业提升小微金融服务提供了技术条件和可能。

2019年8月,中国人民银行印发《金融科技(FinTech)发展规划(2019—2021年)》,提出到2021年,建立健全我国金融科技发展的"四梁八柱",进一步增强金融业科技应用能力,实现金融与科技深度融合、协调发展,明显增强人民群众对数字化、网络化、智能化金融产品和服务的满意度,使我国金融科技发展居于国际领先水平。该规划还指出,金融科技成为促进普惠金融发展的新机遇,通过金融科技不断缩小数字鸿沟,解决普惠金融发展面临的成本较高、收益不足、效率和安全难以兼顾等问题,助力金融机构降低服务门槛和成本,将金融服务融入民生应用场景。

一方面,台州银行业在传统小微企业金融服务的良好基础上,积极融入现代金融科技手段,推动传统软信息获取及处理方式与互联网技术融合。如:浙江泰隆商业银行在传统"三品三表"基础上,通过"三化"(社区化、模型化、便利化)方式改造信贷技术;台州银行与美国小微贷评分模型专家合作开发信用风险内部评级系统,实现在线快速授信。台州推动银行与互联网企业跨界合作,引进大数据公司云贷365总部进驻台州并与多家银行合作。另一方面,利用互联网技术提升服务体验。如:浙江泰隆商业银行推出全国首个小微企业智能地图，实施网格化、个性化服务策略；台州银行开发了基于移动联网技术的"移动工作站"，实现在线快速精准授信，实现客户"一次也不用跑"；台州市建立金融服务信用信息共享平台，有效解决银企信息不对称的问题。台州市使传统技术与数字科技融会贯通，打造出具有台州特色的新时代小微金融品牌。金融科技的创新运用让台州小微金融服务更加智慧，更加高效，风控手段更加丰富。

（一）建立金融服务信用信息共享平台，破解银企信息不对称难题

银行与企业之间信息不对称是小微企业融资难的主要原因之一。为了有效解决银企之间信息不对称的问题，打破信息壁垒，推动银企双方供需信息的对接，台州市委市政府于2014年7月建立金融服务信用信息共享平台，有效地把各部门的信用信息整合起来，实现信息资源共建共享，让信息为企业信用"发声"。该平台创新搭建"一平台、四系统、三关联"的架构，具备基础信息、综合服务、评价与培育、风险预警与诊断四个系统，实现融资关联、投资关联、企业法人与企业三个关联，对企业进行立体式的信用诊断。银行通过该平台的相关数据信息，更直观、更便捷地观察企业生产经营情况，较好解决了小微企业财务数据不完善的问题，提高了小微企业信用判断、授信充分性和贷款审批发放效率。同时，通过平台数据挖掘与其他手段综合印证，及时发现和识别小微企业的风险变化，增强了风险可控能力，提高了小微企业精准化服务水平。该平台已被台州所有银行机构列入贷前调查、贷中审批和贷后管理的必经环节，还成为银行筛选优质客户的重要依据。该平台为了确保信息安全保密，强化网络安全，实现双网布控服务。政府部门、金融机构可以分别通过电子政务外网、金融网实时查询，实现企业信用信息的共享利用。该平台建立信息查询、数据报送、异议处理等信息安全保障制度，要求金融机构先授权后查询、政府部门签订保密协议、保留信息查询痕迹倒查等，实现信息的规范使用，维护信息的主体权益。

截至2019年12月末，台州市金融服务信用信息共享平台已覆盖65万家市场主体的3.2亿条信用信息，辖内共开设平台查询用户2 480个，累计查询

量突破898万次,累计查询次数相比第一季度末增加45.35%,最高月查询量超过20万次(见表3-3)。

表3-3 2019年台州市金融服务信用信息共享平台服务情况

时期	信用信息数(亿条)	覆盖市场主体(万家)	开设查询账户(个)	累计查询次数(万次)
截至第一季度末	0.8708	61.96	2 356	617.8
截至第二季度末	0.8901	63.77	2 385	829.2
截至第三季度末	0.913	63.12	2 357	861.2
截至第四季度末	3.2	65	2 480	898

资料来源:台州市人民政府金融工作办公室《台州金融动态(2019年第一季度)》、《台州金融动态(2019年上半年)》、《台州金融动态(2019年第三季度)》和《台州金融动态(2019年度)》。

银行借助该平台大大降低了获客成本,不仅将节省的成本转换为企业贷款的利率优惠,还大大提高了小微企业信用判断、授信充分性和贷款审批发放效率,增强了风险可控能力。共享平台的海量数据为探索数字化金融服务模式和银行业金融机构提供数据订制服务提供了基础。平台信息自动采集、实时更新,具备基础信息、综合信息、信用立方和正负面信息等四大类查询服务,并免费提供给银行使用。进一步开发运行小微企业信用评级、自动预警功能,为银行贷款授信提供深度参考。如以临海银行为试点,在全省率先建立集数据、平台、应用"三位一体"的"智慧小微"数字项目平台,并通过建立自动化信贷审批模型,实现"小微易贷"产品在线申请、签约、放款、还款,纯线上3分钟内信用融资。截至2019年12月末,"小微易贷"签约152户企业,签订借款合同金额2.23亿元,贷款余额7 084.8万元。

(二)充分授权与移动技术融合,开发"移动工作站"

依托互联网平台和现代金融科技手段,提升线下业务办理效率服务水平。台州银行创新推出"智慧小微"金融服务新模式,开发基于互联网技术的"移动工作站",扩展了银行服务辐射范围,实现在线快速精准授信,推行客户"一次也不用跑"。移动工作站以智能终端PAD为载体,实时接入银行系统。客户经理人手一台 PAD，可以进入社区、农村及企业生产一线，将贷款业务的线上申请与线下信贷调查高效地结合起来，进行一站式办理。客户点点按键，就有客户经理上门办贷，实现小微企业首贷 3 小时、续贷半小时。其中，台州法人城商行已通过 PAD 累计发放贷款 394 亿元，服务小微企业 18.8 万家，数字金融替代率达到 66%。移动工作站还被 IDC 国际数据公司评为"中国金融行业最佳产品创新奖"，被中国《银行家》杂志评为 2018 年"十佳金融科技产品创新奖"。台州银行建立前端批量获客、中后台集中作业的"半信贷工厂模式"，通过前、中、后台切片分工协作、监控作业、大数据授信模型评级，大大提高了审批准确度和审批效率。而应用大数据、云计算、视频内嵌、生物识别等最新互联网技术建设功能齐全的"移动营业厅"，不仅方便了客户在手机上进行各种业务的办理，同时还增加了智能风控模块，实时监测客户交易对手、定位（GPS）、IP、设备等外部环境信息，保障客户交易安全。

案例一 "科技＋金融"提高办贷效率

台州银行金融科技的应用主要集中在两个领域。一是通过手机银行、网上银行等移动终端，实现半线上服务。所谓"半线上"是指，客户可以通过网上申请贷款，随后银行会指派信贷专员与申请人进行对接，由信贷专员完成现场调查、资信审核、贷款发放等后续工作。"半线上"操作，一定程度上简化了信贷审核的程序，提升了效率。二是通过大数据分析平台，对前端业务进行支持，这有利于避免信贷员的道德风险，提升风控质量和效率。

雄庆是江西人，几年前来到浙江台州经商。由于资金需求，他通过手机在台州银行申请了贷款。很快，台州银行的工作人员就带着平板电脑来到了雄庆的厂房，通过拍照、交谈，现场完成了调查工作，然后将数据传回台州银行大数据系统。随后，雄庆顺利地在台州银行贷到了款。台州银行的后台，银行工作人员有序地处理各种信息。工作人员徐伟介绍，每台电脑需要处理上百条信息，可以随时安排工作人员通过上门服务等方式解决客户的问题。台州银行客户服务移动工作站已在该行全部分支机构运行，使用人数达3 876人。

案例二　"科技+金融"推动移动服务业务

浙江泰隆商业银行（以下简称泰隆银行），大力推广移动服务业务。该行的客户经理人手一台平板电脑，走村入户，深入田间地头以及企业生产一线，为客户现场办理银行卡发卡、贷款调查、调阅征信、认购理财等业务，将贷款业务的线上申请与线下信贷调查高效结合起来。泰隆银行副行长金学良表示，过去泰隆银行有一个"三三制"服务承诺，即老客户办理信贷业务3小时完成，新客户3天内给予明确答复，如今得益于金融科技的发展，新客户贷款业务办理时间缩减至90分钟，有效提高了客户服务效率。

案例三　"科技+金融"享受智能金融服务

近几年来，人工智能技术开始在各银行网点运用。2019年6月，中国农业银行在试点成功的基础上，启动了ATM刷脸取款项目推广工作，采用人脸识别的科技手段，为客户提供了更为便捷的取款服务。交通银行泰州新区支行则使用智能机器人"娇娇"引导客户高效、快捷地享受金融服务。当被提问到"2万元定期存款怎么办？"时，"娇娇"向储户回答，您可到我们的超级柜员机办理。在"娇娇"的引导下，储户使用超级柜员机很快存入2万元定期存款。据了解，泰州市已有交通银行、华夏银行等10多家营业机构投入了23台"娇娇""安安"等智能机器人，通过语言交流、触摸互动、肢体语言等方式，主动识别客户需求，协助完成咨询接待、业务引导、信息查询等服务。

案例四　"科技+金融"精准指导，规避风险

高科技在风险控制中的作用日益凸显。传统信贷流程中存在欺诈和信用风险，申请流程烦琐、审批时间长。通过运用大数据分析、人工智能等相关技术，可以从多维的海量数据中深度挖掘关键信息，找出借款人与其他实体之间的关联关系，从贷前、贷中、贷后各环节精准识别风险。为了满足对外部反欺诈的监测、识别、阻断，快速识别欺诈行为，台州银行在金融科技领域不断创新，推动现场检验与数据驱动融合，鼓励"数据跑"协助"人工跑"，标准化呈现"可不可以贷、贷多少、什么价格贷"。良好的风控模式，有助于实现民营、小微贷款的商业可持续。

第四章 小微金融指数（台州样本）

小微金融指数（台州样本）是由台州市人民政府发起、经浙江（台州）小微金融研究院编制的全国首个小微金融指数，于2016年7月由台州市人民政府、中国经济信息社和中国金融信息中心联合对外发布。台州市政府聘请北京大学、复旦大学、南京大学、浙江大学等著名院校的10名专家学者为特约研究员，设立了全国首家专门从事小微金融研究的学术机构——浙江（台州）小微金融研究院，开展小微金融运行规律、发展趋势等方向的理论研究与实践总结。小微金融指数（台州样本）基于大数据理念，采用台州市34万家小微企业全样本数据，揭示小微企业发展运行情况、小微企业金融服务水平和信用状况，并动态监测行业发展趋势，为政府服务企业决策、金融机构精准服务小微企业、监测防范小微企业运行风险提供指导和参考。指数基期为2014年6月末，基数为100，指数按月计算、每季发布。台州市促进政学良性互动，充分发挥小微金融指数风向标作用。

一、小微金融指数（台州样本）的构建

（一）指数的建立

小微金融指数（台州样本）包含1个总指数和成长指数、服务指数和信用指数等3个二级指数，持续地追踪和展示在经济新常态下小微企业群体生态趋势，描述和揭示小微企业的生存环境，以"数据依赖"取代传统小微企

业服务的"经验依赖"。该指数采用分层构建,包括3个二级指数和3个三级指标,框架如图4-1所示。

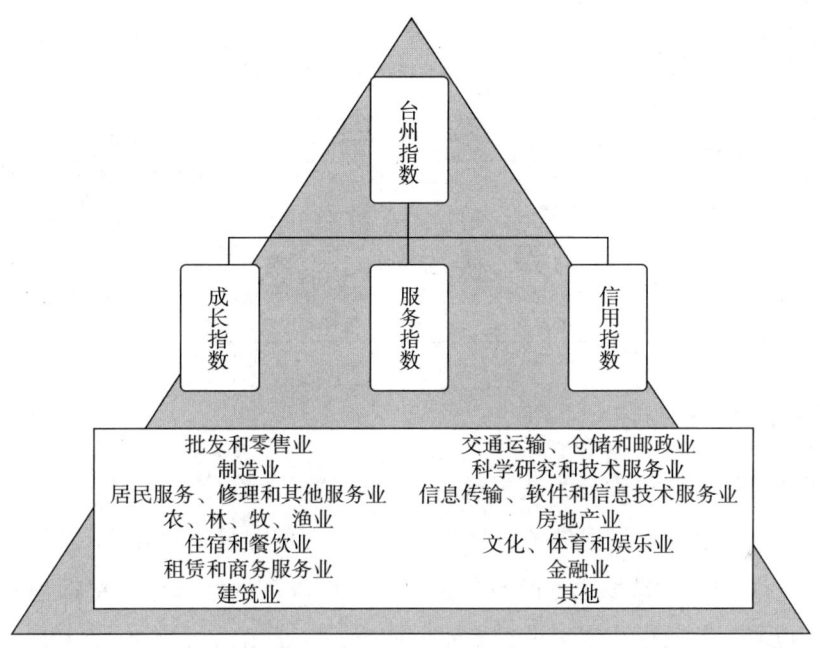

图4-1 小微金融指数框架

总指数综合反映台州小微企业发展、小微企业金融服务水平和信用环境。成长指数侧重反映小微企业成长状况、盈利状况和未来的发展潜力状况。服务指数侧重反映宏观经济发展状况、金融产业发展状况和小微企业金融服务状况。信用指数侧重反映小微企业偿债能力情况、不良贷款及贷款违约状况、经济涉案及企业逃废债务状况。

指数是以2014年1月作为指数基点,按季度计算发布。之所以选择2014年1月作为指数基准点是因为从2014年开始,外部环境倒逼机制促进民营企业转型,实现了体制升级。

(二) 变量筛选

总指数通过成长指数、服务指数、信用指数3个二级指数合成。二级指数从现有数据来源中获取（见表4-1）。

表4-1 变量的分指标归类

指数	指标归类	
二级指数	大数据平台采集指标	二次合成的采集指标
成长指数	销售收入、进口总额、出口总额、应纳税额、入库税额、用电量	新增企业家数、注销企业家数、企业注册资本总额
服务指数	授信总额、已用授信额度、授信起始日期、授信终止日期、抵押土地资产总金额、土地抵押面积、土地抵押贷款金额、房产抵押债权数额、房地产抵押面积	小微企业贷款余额，城市商业银行、农村合作银行和村镇银行贷款加权平均利率、小微企业贷款覆盖率
信用指数	授信总额、已用授信额度、授信起始日期、授信终止日期、抵押土地资产总金额、土地抵押面积、土地抵押贷款金额、房产抵押债权数额、房地产抵押面积	BC分类结果、税务处罚金额、质监处罚金额、到期授信续签比率

（三）计算流程

指数的计算流程可分为数据准备与机器学习两部分（见图4-2）。数据准备部分为指数的计算提供了原材料，机器学习部分是指数计算的核心。

1. 数据准备。数据准备的目的是从原始而混乱的数据库中提取出有效和有用的数据。这部分主要使用数据库工具Oracle进行。首先进行数据的清洗，包括删除重复的数据条目和无效的数据；其次调整数据格式，将文本格式转换为数据格式、统一日期格式、统一指标语言；最后进行小微企业的删选，根据销售收入将各个行业的小微企业筛选出来，再与大数据平台的14个部门的表格联立，提取出小微企业的数据。

2. 机器学习。机器学习部分主要由R语言编程进行。首先变量选择是根据数据内部关系自动生成各个二级指数的变量分布；其次用路径选择方法将各行业企业按层面计算为14个行业的二级指数，再用14个行业的指数合成总指数的二级指数；最后用总指数的二级指数合成一级指数。

（四）指数计算

1. 路径漂移模型。小微金融指数的计算是基于利用最新信息 x_{t+1} 的路径漂移模型，基本公式如下所示：

$$y(t+1) = F_{1n}(x_t, y_t \mid S_1, Z_t) + \sigma_{n+1}(x_{\leq t+1}, y_{\leq t}, Z_{\leq t+1})$$
$$= y(t) + [\sigma_{n+1}(x_{\leq t+1}, y_{\leq t}, Z_{\leq t+1}) - \varepsilon_{1t}]$$

其中,

$$\sigma_{n+1}(x_{\leq t+1}, y_{\leq t}, Z_{\leq t+1}) = F_{0n}(x_t, y_t \mid S_1) - F_{1n}(x_t, y_t \mid S_1, Z_{t-1})$$
$$\varepsilon_{1t} = y(t) - F_{1n}(x_t, y_t \mid S_1, Z_t)$$

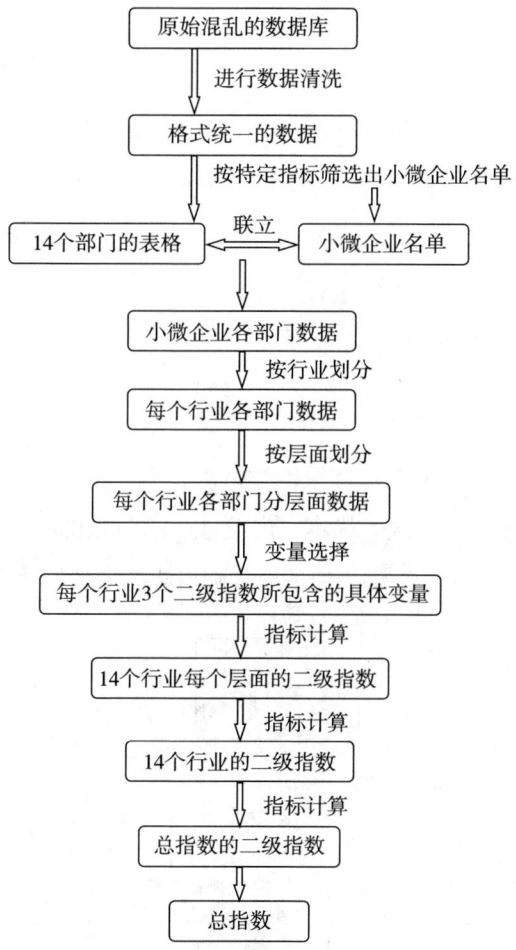

图 4-2 指数计算流程

能够给出推断性的可能变化过程,用以支持决策。

2. 沿路径 S_t 漂移模型。

一是分解为长期趋势和短期波动：

$$y_t = y_t^l + y_t^s$$

二是长期趋势及其干扰为自回归：

$$y_t^l = y_{t-1}^l + \sigma_t^l \varepsilon_t^l$$

$$\log \sigma_t^l = \log \sigma_{t-1}^l + v_t^l u_t^l$$

三是短期波动异常点及其干扰自回归：

$$y_t^s = \sigma_t^s s_t \varepsilon_t^s,$$

$$\log \sigma_t^s = \log \sigma_{t-1}^s + v_t^s u_t^s$$

这里异常事件发生概率 $P(s_t > 1 | U = p) = p, U \sim U(0,1)$。

四是给定初始值 $\varepsilon_t^l, \varepsilon_t^s, u_t^l, u_t^s \sim N(0,1), v_t^l, v_t^s \sim U(0,1), p = p$，估计 $\sigma_t^l, \sigma_t^s, s_t$，通过拟合观察值 y_t。

五是沿路径 S_t 的自回归模型：

$$y_t = y_{t-1} + \sigma_0^l \exp(\sum_{i=0}^{t} v_i^l u_i^l) \varepsilon_t^l + \sigma_0^s \exp(\sum_{i=0}^{t-1} v_i^s u_i^s) \{\exp(v_t^s u_t^s) s_t \varepsilon_t^s - s_{t-1} \varepsilon_{t-1}^s\}$$

本指数主要运用科学的指标体系构建方法，力图全面、及时、有效地反映台州市小微金融运营状况。围绕大样本、广覆盖、高时效的核心要求，深入开展调查研究、测试调整，力求指数编制的理论基础与架构体系科学严密（见图4-3）。

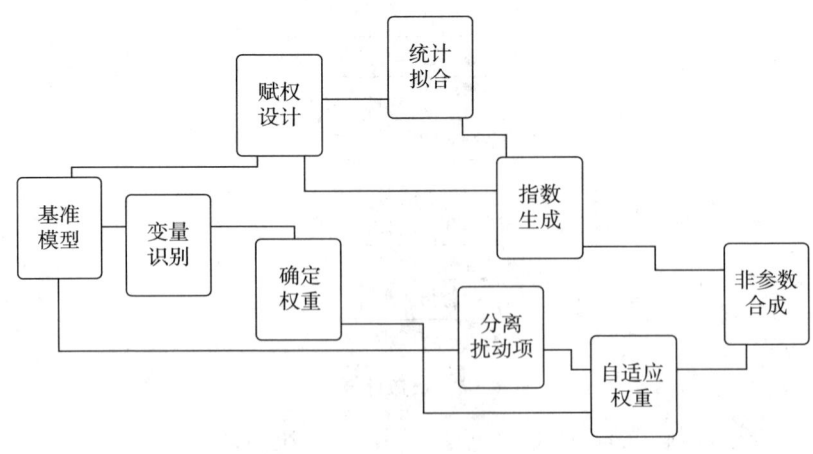

图4-3 指数生成模型流程

二、小微金融指数（台州样本）的运行

小微金融指数选择 2014 年 6 月末为指数基期，基数为 100。从 60 多万家市场主体中筛选出的 34 万家小微企业有效样本。采用大数据理念、全样本分析，按照上述构建框架，研究编制小微金融指数（台州样本），指数包括总指数及成长指数、服务指数和信用指数（见图 4-4）。

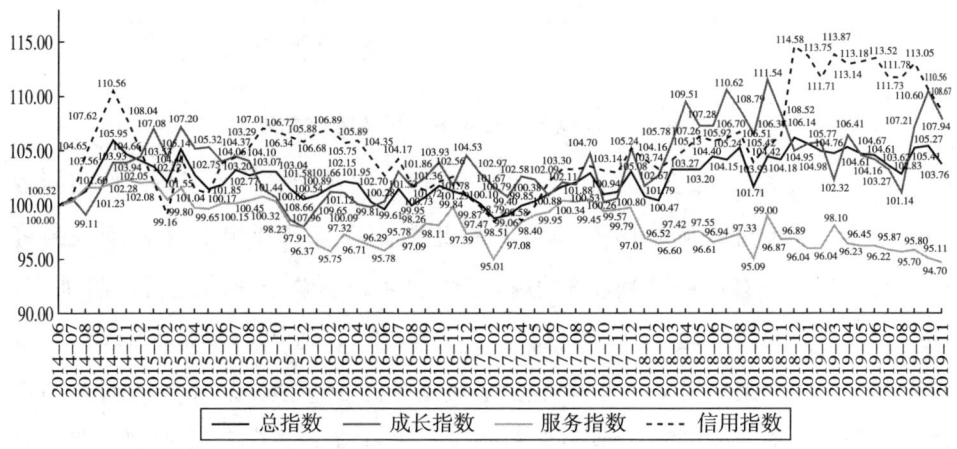

图 4-4 小微金融指数（台州样本）走势

下面以 2019 年度运行情况为例，分析小微金融指数（台州样本）的主要特征。

（一）总指数运行

1. 总体运行平稳。如图 4-5 所示，2019 年，小微金融总指数较为平稳，1—8 月小微金融总指数有明显下降趋势，全年呈现先下降再上升又下降的态势。相比 2018 年，2019 年（不包括 12 月）的小微金融总指数只有 7 月、8 月和 11 月超过了 2018 年的同期水平。2019 年 9 月总指数增加最多，环比增长 2.37%。

2. 二级指数从聚合走向分离。从图 4-4 可以清晰地看到，2018 年初开

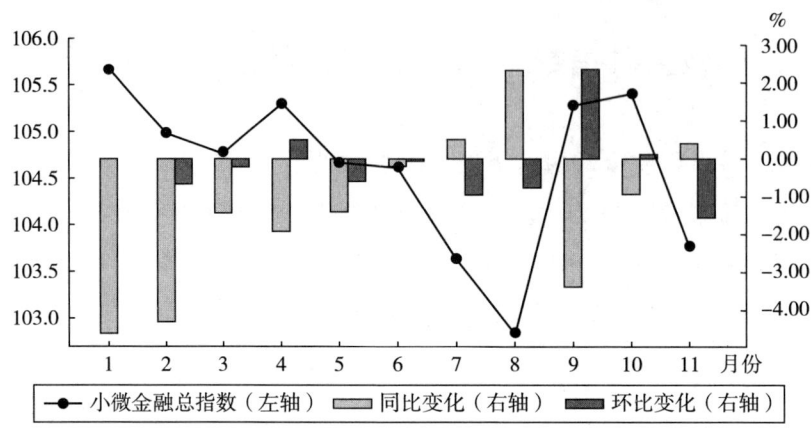

图 4-5　2019 年小微金融总指数运行情况

始，3 个二级指数从聚合状态，逐步出现分离。服务指数持续下行，信用指数持续上行，成长指数波动平移。3 个二级指数走势与 2018 年以来的宏观经济环境契合。由于宏观经济环境的不确定性加大，小微企业的经营风险加大，导致成长指数的波动运行。金融机构实时感知到小微企业的经营风险，采取较为保守的经营策略，对于小微企业金融服务趋于谨慎，从而导致服务指数持续下行。基于台州良好的金融生态和银行业建立有效的风险管理模式，台州市小微企业不良贷款率持续降低，金融资产质量持续向好，信用指数持续上行。2019 年，3 个二级指数在 2018 年出现分离后，基本上处于平稳运行状态，分离缺口没有出现缩小迹象。

（二）成长指数运行

1. 成长指数波动上行。如图 4-6 所示，2019 年，小微金融成长指数总体呈现先下降后上升的态势。相比 2018 年，2019 年（不包括 12 月）的成长指数除了 1 月、2 月和 9 月，其余月份均超过 2018 年同期水平。与总指数一样，成长指数也是在 9 月增加最多，环比增加 6%。

2. 影响因素分析

（1）经营趋稳。如图 4-7 所示，2019 年，产值指数和利润指数趋势基本相同,都呈现先下降后上升的态势。2019 年 1—5 月,产值和利润的现实指标都低于理论预期值的指数基准,说明产值和利润现实指标还有提升空间。

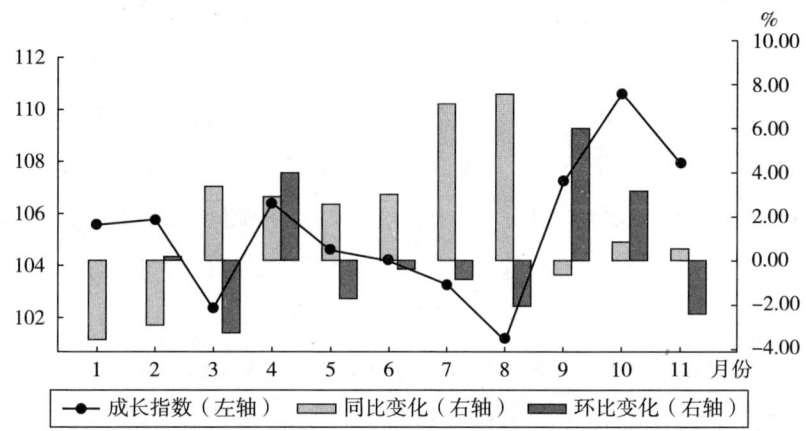

图 4-6 2019 年小微金融成长指数运行情况

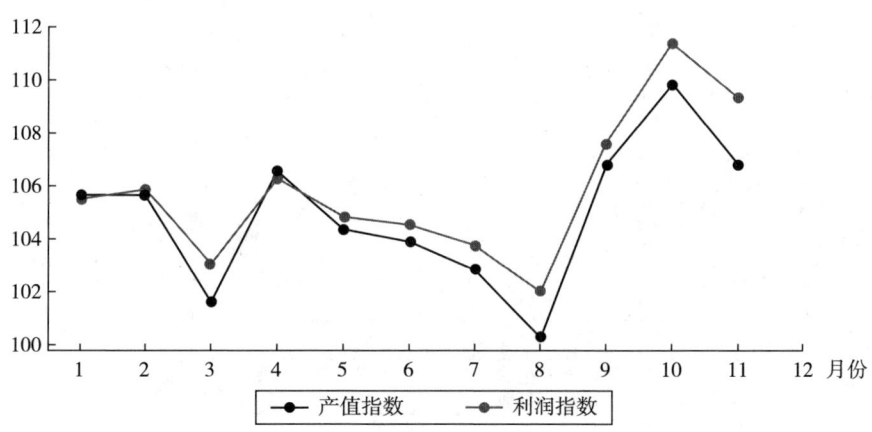

图 4-7 2019 年产值指数和利润指数运行情况

2019 年 3—6 月,综合所有路径对产值指数的影响分别为正、正、负和正。其中,餐饮业和医药医化对产值指数有较大的正向影响,汽车及零部件对产值指数有较大的负向影响。综合所有路径对利润指数的影响分别为正、正负相当、正和正负相当。其中,医药医化对利润指数有较大正向影响,而餐饮业、批发业和零售业对利润指数有较大负向影响。上升的成长指数,归因于正向效应的行业，主要是餐饮业和医药医化的产值指数，和医药医化的利润指数。

2019年，台州市医药医化产业成绩亮眼，全市出口欧盟证书和通过新版GMP认证办理量均居全省第一；通过仿制药一致性评价数量居全国地级市第一；2019年1—11月，全市规模上医药产业增加值为105.0亿元，同比增长9.0%，高出全市规模以上工业增加值7.7个百分点；通过医药产业项目对接促成产学研合作项目45个，合作总金额超过2.5亿元。作为台州市的主导优势产业，医药医化产业的良好发展激发了台州市小微企业的发展活力。

（2）新增企业大幅下降。2016—2019年，台州市小微企业净增数量逐年下降，2019年同比下降甚至达到了66.8%。如图4-8所示，2019年的小微企业净增数量在3月之后达到一个较为稳定的水平，并没有明显的提升。

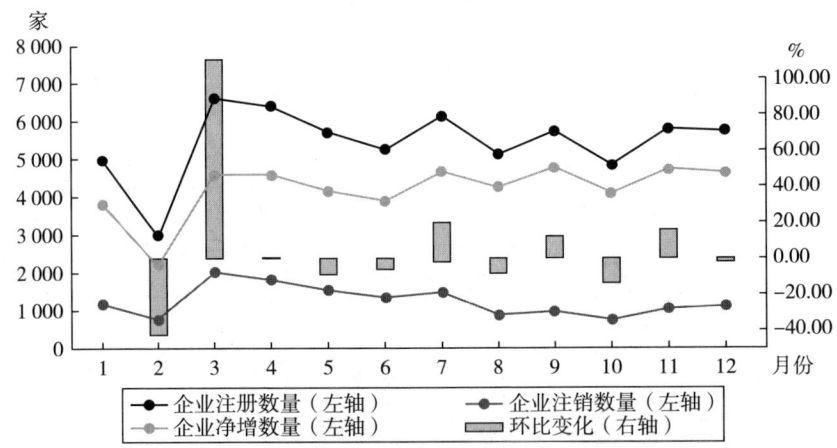

图4-8　2019年台州市小微企业数量变化情况

新增企业数对于成长指数具有显著的促进作用，2016年、2017年是推动成长指数持续上行的主导力量。近年来，受"三改一拆""老旧工业点整治"等政策影响，以及环保政策变化，小微企业生存空间明显减少。因此，应进一步拓展小微企业发展机会，台州市小微企业活力还有很大的提升空间。

（三）服务指数运行

1. 服务指数基本平稳。如图4-9所示，2019年小微金融服务指数在2018年明显下行后，呈现先上升后下降的态势，基本平稳。相比2018年，2019年（不包括12月）的小微金融服务指数除了3月和9月，其余月份均超过了2018年的同期水平。2019年11月，小微金融服务指数同比上升2.29%。

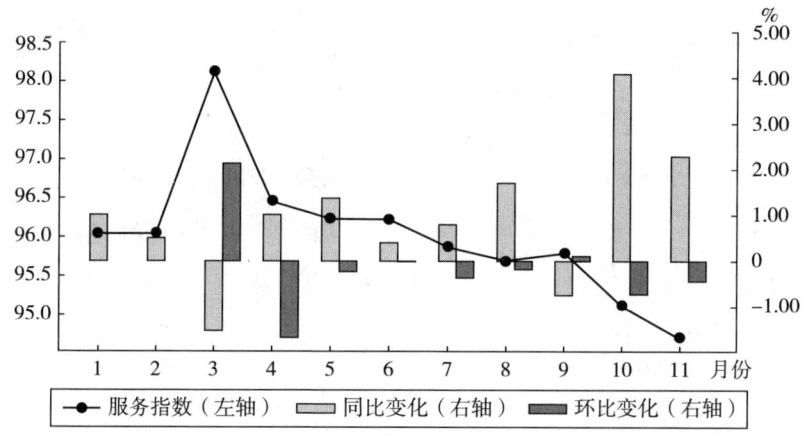

图4-9　2019年小微金融服务指数运行情况

2. 影响因素分析

（1）授信下降。如图4-10所示，2019年，授信指数和已用授信指数趋势基本一致，但已用授信指数波动比授信指数更大，总体呈现下降态势。2019年1—5月，授信和已用授信的现实指数都高于理论预期值的指数基准。这说明与理论预期值的指数基准相比，当前的企业授信和已用授信现实指数已经满足理论预期。

（2）行业差异分析。2019年3—6月，综合所有路径对授信指数的影响分别为负、正、正负相当和正负相当。其中，零售业、泵与电机和缝制设备行业对授信指数的正向影响较大，而汽车及零部件和航天航空行业对授信指数有较大的负向影响。综合所有路径对已用授信指数的影响分别为正、负、正和正。其中医药医化、模具与塑料、批发业和汽车及零部件行业对已用授

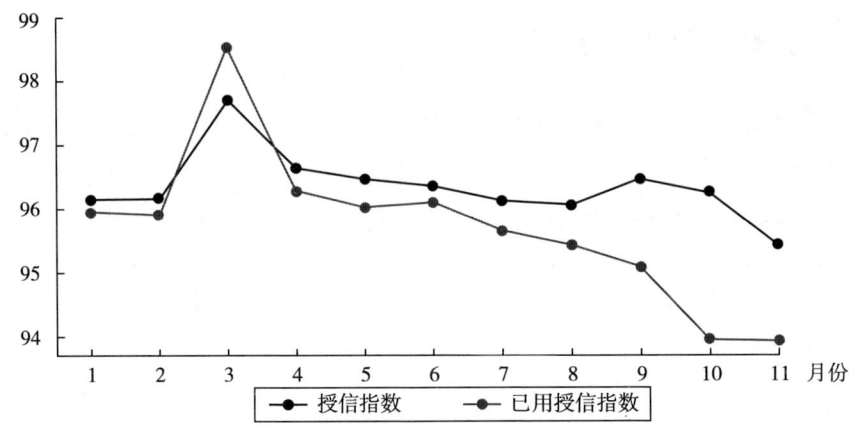

图 4 – 10 2019 年授信指数和已用授信指数运行情况

信指数有较大的负向影响,零售业和智能马桶行业对已用授信指数有较大正向影响。下降的服务指数,归因于负向效应的行业,主要是汽车及零部件行业的授信指数和已用授信指数。

(四) 信用指数运行

1. 信用指数波动下行。2018 年,信用指数大幅度上升后,处于高位运行状态。如图 4 – 11 所示,2019 年,小微金融信用指数呈现波动下降态势。

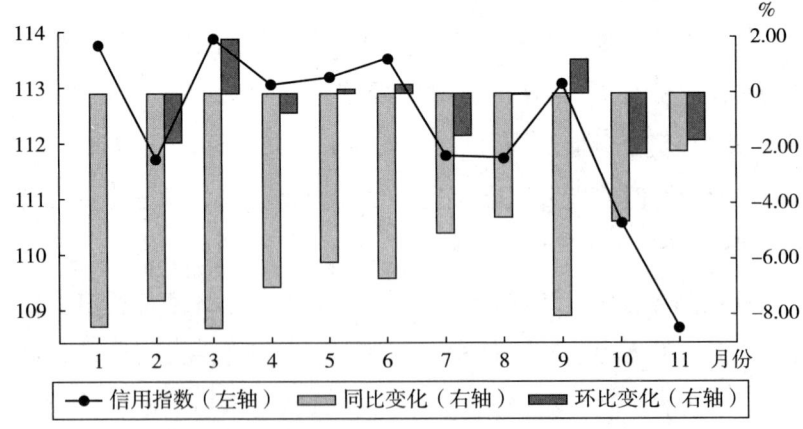

图 4 – 11 2019 年小微金融信用指数运行情况

2019年（不包括12月）的信用指数每个月都低于2018年同期水平，同比减幅普遍低于-5%。

2. 影响因素分析。如图4-12所示，2019年，纳税指标呈现下降态势，职工收入指标呈现先平稳后下降的态势。2019年1—5月，纳税和职工收入的现实指标都低于理论预期值的指数基准，说明纳税和职工收入现实指标还有提升空间。

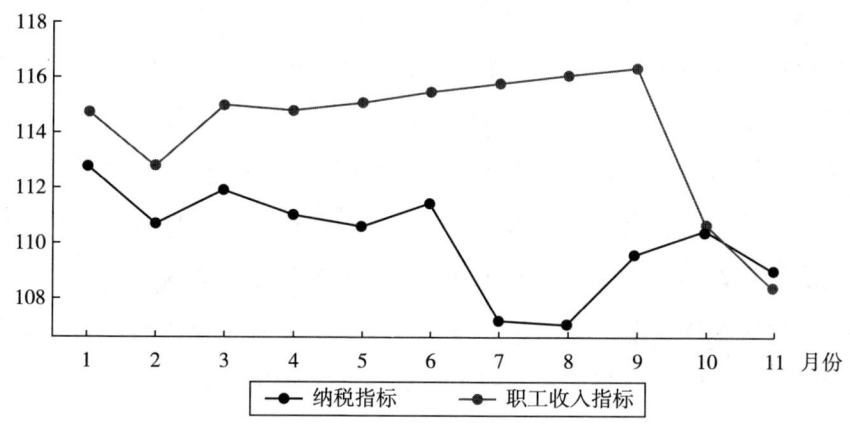

图4-12　2019年纳税指标和职工收入指标运行情况

2019年3—6月，综合所有路径对纳税指标的影响分别为负、正、正和负。其中，批发业和其他行业对纳税指标有较大的负向影响，汽车零部件行业对纳税指标的影响时正时负，泵与电机、缝制设备和零售行业对纳税指标有较大的正向影响。综合所有路径对职工收入指标的影响分别为正、负、正负相当和负。其中，汽车及零部件和航空航天行业对职工收入指标有较大的负向影响，餐饮业、模具与塑料行业有较大的正向影响。下降的信用指数，归因于负向效应的行业，主要是批发行业的纳税指标和汽车及零部件行业的职工收入指标。

第五章 风险控制模式

　　小微企业是国民经济和社会发展的重要力量,是创业富民的重要渠道,在扩大就业、增加收入、改善民生、促进稳定、国家税收、市场经济等方面具有举足轻重的作用。小微企业对经济稳定及社会福利所作的贡献与其所获金融资源之间的巨大落差是一大难题。究其根本,一方面,是缺乏足够信息所致的逆向选择和道德风险问题降低了小微企业获得银行信贷的概率,即信贷配给。另一方面,关系借贷的高成本及小微企业贷款的内在高风险又进一步弱化了银行的贷款意愿。尤其是在新兴领域,小微企业数据及其可靠性缺失,加之小微企业生命周期短、流失率高导致违约率高,因而小微企业面临的信贷配给尤为严重。

　　小微企业往往存在财务制度不健全、信用信息较少、生产经营不稳定、信贷风险相对较高等缺陷,一定程度上影响了金融机构的贷款意愿。因此,有效的风险控制模式,可以进一步扶持小微企业持续健康地发展,并促进社会经济发展和社会稳定。对于全面打造台州经济增长"新引擎"具有十分重大的战略意义和现实意义。采取风险分担与信用增进措施,能够有效地降低银行信贷的风险和损失,提高小微企业融资的可得性,是促进小微企业融资的重要手段。近年来,我国担保行业稳步发展,覆盖国家、省、市三级的政策性融资担保体系不断壮大,保险业分担风险、缓释风险的能力逐步增强。与此同时,风险补偿机制不断健全,信用体系也进一步完善,为小微企业提供了更加有力的融资支撑。随着大数据、云计算等新业态的兴起,互联网加速向金融领域渗透,创新性的金融产品与服务开始涌现,这也为解决小微企业融资提供了新渠道。

一、建立风险分担机制：促进小微企业融资增信

（一）保险行业充分发挥保险与增信作用，精准服务小微企业

保险是市场经济条件下风险管理的基本手段，也是金融体系和社会保障体系的重要支柱。近年来，保险业金融机构充分发挥保险风险管理功能，创新服务产品，为小微企业提供更加灵活的贷款保证保险产品和增信支持；与银行业金融机构建立风险共担机制，强化银保双方系统对接，实现业务数据信息共享；围绕民营企业和小微企业生命周期的不同阶段提供差别化的风险保障，推动信用保证保险业务支持小微企业发展，运用保险特有的增信融资功能支持实体经济发展。

1. 强化保险保障功能，支持金融发展。国务院、省政府相继出台关于发展现代保险服务行业的相关文件，为了更好地实现政策落地，更好地服务台州市经济发展，2015年，台州市人民政府出台了《台州市人民政府关于强化保险服务功能促进我市经济社会发展的实施意见》（台政发〔2015〕32号），加强对战略性新兴产业等重点领域和中小企业等薄弱环节的支持。

该意见提出，到2020年，台州市要初步建成保障全面、功能完善、诚信规范、与全市经济社会发展需求相适应的现代保险服务体系，使保险业成为完善台州市金融体系的重要力量、改善民生保障的有力支撑和创新社会管理的有效机制。

2. 积极发挥增信支持作用，缓解融资困难。中国银保监会台州监管分局积极推动扶持小微企业发展，通过"保险+信贷"的方式实现保险的增信功能，化解小微企业融资难、融资贵问题。台州市大力推动政银保合作，由地方政府出资，发挥保险增信作用，开展小额贷款保证保险试点工作，为小微企业、创业者和农户等小额贷款人提供"无抵押、无担保"融资，有效破解小微企业融资担保难题。2019年1月3日，台州市人民政府办公室发布的《台州市人民政府办公室关于进一步降低我市企业融资成本的实施意见》（台

政办发〔2019〕2号）明确指出，要加大保险机构对小微企业融资服务的支持，推动小额贷款保证保险等融资保险业务开展，在切实落实浙江省有关风险补偿政策基础上，对符合条件的小额贷款保证保险业务按不超过年度融资保险总额的0.5%给予风险补偿。

3. 创新保险产品和服务，满足多样化风险管理需求。为了有效满足小微企业经营及风险管理需求，保险业金融机构大力创新保险产品，服务小微企业发展。台州市鼓励保险业开发针对小微企业的"一揽子"保险保障计划，加大责任险、涉农保险、关税保证保险等险种的开发和覆盖。

针对涉农小微企业面临的自然风险高、收益不稳定、农产品价格波动大等问题，台州保险业金融机构推动保险产品保产量、保价格、保收益，实现保障水平从保自然风险向保市场风险扩展，降低企业损失程度。台州是海水养殖的大市，保险市场需求强烈。2015年，台州市政府出台《关于推进农业保险工作的若干意见》，在全面落实政策性农业保险品种的基础上，重点加强特色农险产品的开发。台州市三门县在全省率先推出青蟹养殖保险试点，解决了长期以来海水养殖的难点问题。仙居县在全国首次开展杨梅采摘期降水气象指数保险，改善了"靠天吃饭"的状况。同时，台州市支持鼓励各县（市、区）选择本地特色主导或规模较大产业，自行开办地方特色农业保险新试点，力争实现各县（市、区）主导产业政策性农业保险全覆盖。在"保基础、保成本、保大灾"基础上，力争2022年地方特色险种数量在原有基础上增加50%，全市农业保险深度达到1%，农业保险密度达到500元/人。

为优化口岸营商环境，提升跨境贸易便利化水平，台州开展关税保证保险改革。台州的进出口企业以中小微企业为主。因为部分企业存在银行授信不足等问题，银行保函开具难度较大，一般需要追加高额的风险担保金或质押固定资产，成本高。而关税保证保险正是海关创新担保方式的一项重要改革。该项改革以进出口货物收发货人作为投保人，海关作为被保险人，企业向参加试点的保险公司购买关税保证保险后，凭借保险公司出具的"关税保证保险单"向海关办理税款类担保手续，即可实现"先放行后缴税"。为了给科技企业的技术创新和融资提供全方位保险支持,台州市开发了支持科技产业发展的新型保险产品。一是扩大科技型中小企业贷款保证保险规模,发展专利执行和责任保险,推进首台(套)重大技术装备质量保证保险和产品责任保险试点工作;二是加大对科技人员的保险服务力度;三是创新发展互联网保险产品和服务,增进其电子商务企业发展的保障能力。

出口信用险+贷款保证保险+互联网风控,全国首个创新型应收账款融资服务项目落地台州

2019年,浙江台州人保财险开出首张"e信通"保单,该保单项下被保险企业可在浙江泰隆商业银行以4.32%的利率获取累计300万元的融资,这意味着全国首个"保险+银行+互联网"创新型应收账款融资服务项目进入实操阶段。作为台州银行业、保险业改革创新首个签约的重点项目,该项目为台州众多出口型小微企业搭建起了"保险+信贷+互联网"的全新服务平台。

"e信通"是台州人保财险与浙江泰隆商业银行台州分行联合推出的"出口信用险+贷款保证保险+互联网风控"创新型应收账款融资服务项目。该项目依托中国银保监会台州监管分局全力提升银行保险业服务质效,推动民营企业高质量发展的时代背景,从小微企业实际融资需求出发,在原有出口信用险保单抵押融资模式的基础上,引入银行供应链金融服务,依托"互联网+大数据"实现风险减量管理。

"e信通"产品主要面向在人保财险投保了出口信用险和贷款保证险的出口商,由浙江泰隆商业银行台州分行为其办理资金融通业务。该产品单户授信可达300万元人民币,优质企业最高可达500万元人民币,切实帮助外贸企业获取金融活水,抵御外在风险。这一贷款免担保、免抵押,属纯信用贷款,风险由人保财险和浙江泰隆商业银行共同承担,深度解决了中小企业担保难、融资难的核心问题。

> 该项目不仅能够为出口型小微企业提供"信用+保证"增信服务,有效弥补信用险单一险种的弊端,切实降低银行融资利率,还延伸提供了"互联网+管理"服务,未来还可依托第三方互联网机构大数据分析手段,实现银保企三方风险全流程管理,大大提高了保险保障及融资风险的可控性,主动阻断了小微企业相互担保链的断裂风险,真正帮助小微企业大胆走出去"抢订单、保市场"。今后,随着项目的不断成熟完善,"e信通"将为台州小微出口企业在管控贸易风险、降低融资成本、扩大业务规模、强化信用管理等方面提供更加有力的支持。

(二)建立健全融资担保体系,发挥政府主导作用

近年来,中央和地方政府先后出台了一系列支持融资担保公司发展的政策措施,融资性担保机构数量、平均资本、资产总额、在保余额以及担保倍数等均呈增长趋势,在服务小微企业和地方经济发展方面发挥了积极作用。特别是建立台州市融资担保基金,通过与担保再担保机构合作,为符合条件的融资担保业务提供增信、分险服务,充分发挥财政资金"四两拨千斤"的作用,引导更多金融资源流向小微企业等普惠领域。

1. 政策协同,建立政策性融资担保体系。随着我国经济进入新常态,小微企业和"三农"融资担保业务风险高、收益低,缺少有效的商业模式的本质充分暴露出来,小微企业融资担保属于典型的准公共产品,需要政府发挥重要作用,这已经成为各方的共识。2017年8月,国务院颁布《融资担保公司监督管理条例》(国务院令第683号),进一步完善了原有的监管制度体系,为监督管理部门依法实施监管提供了法律依据。

台州市积极响应以上政策,明确基本原则,逐步推进政策性融资担保体系建设,为缺乏抵押物、自身信用等级不足的小微企业融资提供担保。一是坚持政策性定位,以扶持小微企业发展、服务"三农"为出发点和落脚点,为小微企业和"三农"提供优质的融资担保增信服务。二是坚持可持续经营,各级财政要安排一定资金用于政策性融资担保机构的风险补偿,保证其可专

注服务和可持续经营。三是坚持依法合规经营，政策性融资担保机构要严格遵守相关法律法规和政策要求，坚持依法合规经营，自觉接受行业监管部门的监督管理。政策性融资担保体系是为了满足台州市担保行业创新发展和缓解小微企业融资困难的现实需要。台州市现已逐步实现了市级层面、县（市、区）级层面政府性融资担保机构的全覆盖，融资性担保机构作为小微企业和金融机构的桥梁纽带，一定程度上缓解了小微企业融资难的问题。

2. 首创全国小微企业信保基金，发挥引导作用。台州市以"政府出资为主、银行捐资为辅"的模式，设立了中国首个小微企业信用保证基金——台州市小微企业信用保证基金（以下简称台州信保基金）。台州信保基金与银行采取风险共担模式，出现损失后，与捐资银行的风险承担比例为8:2，与非捐资银行的风险承担比例为6.5:3.5。台州信保基金结合信用保险业务自身能够帮助企业转嫁风险的优势，积极与银行建立合作沟通机制，及时为银行在产品设计、营销等过程中遇到的问题提出意见和建议，使其操作更加贴合台州融资市场的需求。

一是坚持政府主导的出资模式。台州信保基金由政府出资和金融机构、其他组织自愿捐资组成，初创设立规模为5亿元，其中市、区两级政府（包括台州湾循环经济产业集聚区和台州经济开发区）出资4亿元，银行捐资1亿元；远期将根据基金运行情况、地方可用财力和小微企业融资需求，逐年追加做大基金规模，并明确政府财政出资保障信保基金的资本补充。台州市委市政府认为，采用"政府出资为主、金融机构捐资为辅"的设立模式，能充分发挥政府的引导作用，强势推动银行业金融机构积极主动参与，合力破解小微企业融资难题，有效防范区域性金融风险的发生，促进政银企三方实现互惠互利、合作共赢。

二是坚持服务小微。台州信保基金实行市场化运作，明确担保对象为市区优质成长型小微企业，享受基金担保服务的企业必须为业务合作银行，或台州市、区两级经信、科技、商务等政府部门推荐的优质成长型小微企业，信用保证贷款投向要符合国家产业政策导向，优先考虑台州市政府扶持的行业和专项贷款。单家企业担保金额最高不超过500万元，可为小微企业提供累计50亿元的增信担保，从而帮助更多小微企业获得更便利、更快捷、成本更低的信贷融资。

三是坚持风险共担。在明确总额风险控制（担保贷款总额不超过基金规模的10倍）、市区分级控制（按照"总额控制、市区联动、统分结合、权责对等"的模式控制基金保证额度）、合作银行单独风险控制（贷款额度不超过捐资额的60倍）的基础上，台州信保基金与银行风险共担，防范道德风险和经营风险；突出银行风险主体责任，明确由银行向台州信保基金运行中心推荐贷款担保对象；基金对于各家合作银行均实行单独风险控制，一旦发生风险，银行自身承担20%的责任，这样的设置与以往的政府性担保公司和融资性担保公司有根本区别，进一步强化了合作银行的责任。通过实行非全额担保，与银行合理确定风险分摊比例，从而降低业务合作银行因担保产生的道德风险，确保银行在发放担保贷款时仍有足够的激励做好风险管理工作，提高了担保贷款业务的安全性。

四是坚持公益性质。作为政策性担保机构，台州信保基金运行中心不以盈利为目的，是非营利性社会组织，实施法人治理和企业化管理，负责信保基金的运行、担保审核、风险管控、风险代偿、债务追讨等。台州信保基金运行中心实行基金理事会领导下的总经理负责制，并设信保审核委员会共同参与管理；工作人员绩效考核与运行中心收入脱钩，减少盈利冲动；为单户企业提供的最高担保贷款规模不超过500万元，且单户企业授信银行不得超过4家（含4家）；担保费率严格控制在年0.75%～1%，尽可能降低企业融资成本，实现社会利益最大化。

截至2019年10月末，台州信保基金承保金额超300亿元，在保余额近100亿元，目前到位资金9.78亿元，担保余额实现了基金规模的10倍放大，是全国担保行业平均担保放大倍数的近5倍。自成立以来，累计代偿102笔，代偿金额9 638.47万元，累计代偿率0.46%。2019年，新增代偿共43笔，代偿金额3 494.19万元，年新增代偿率0.45%，这既体现了一定的不良容忍度，承担了政策职能，又把风险控制在一定范围内，保障了其可持续发展。

第五章 风险控制模式

> **积极承担社会责任，台州信保基金为小微企业保驾护航**
>
> 第9号超强台风"利奇马"是1949年新中国成立以来登陆台州的首个超强台风，它打破了0515"卡努"50米/秒的风速记录，也是新中国成立以来登陆台州最强的台风。台州市金投集团董事长蒋洪、总经理周志威，台州信保基金运行中心（以下简称台州信保中心）、台州市融资担保有限公司相关负责人及部分信保基金合作银行代表参与座谈交流。台州信保中心向调研组介绍了中心防御"利奇马"台风抗灾救灾情况以及积极落实"八项举措"助力灾后重建工作，帮助受灾客户恢复生产经营的举措。
>
> 台州信保中心第一时间组织各部门、分中心根据当地受灾情况，积极对接合作银行认真做好在保客户排查，听取受灾客户、合作银行的需求等相关工作。开辟"绿色审批通道"，优先安排受灾客户项目申请。对银行申报的新客户中用于灾后重建的担保项目，根据灾情，不按一般审核条件处理。同时积极践行社会责任，对受灾客户续保项目不调额不退出，平稳过渡；加强合作银行及相关部门联系，对受灾客户暂时性资金周转困难的，建议银行及时通过无还本续贷、重组化解、临时增额等方法快速妥善予以解决。针对此次银行上报的受灾客户情况，确认甄别，在一定期限内减免保费，降低受灾客户融资成本。
>
> "利奇马"对台州市多地造成了重大损失，台州信保基金贯彻落实台州市委、市政府以及市金投集团关于灾后恢复重建的工作部署，推出"八项举措"全力做好灾后重建工作，及时对受灾客户实行退、免保费，共计139户172笔，合计金额199.62万元。

3. 完善地方风险补偿机制，推动建立健康可持续融资担保体系。近年来，我国融资担保行业发展较快，但融资担保行业整体规模偏小，资本金补充不够及时。通过加大地方风险补偿，建立融资性担保公司可持续的资本补充机制，有利于真正发挥融资性担保公司风险分散、补偿损失的作用，降低银行不良贷款率，提升银行对小微企业贷款的积极性，形成"资本补充—风险降低—贷款增加—银企良性发展"的互利共赢局面。

台州市以市、县共同设立补偿资金的方式，建立超赔风险准备金制度，实行风险补偿，对小额贷款保证保险业务进行经费补贴和业绩奖励；发挥保单对贷款的增信作用，积极开发适合小微企业需求的个性化、特色化的信用保证保险产品。建立并完善融资担保风险补偿机制，探索建立小微企业发行公司债券利息或担保费用补贴制度。

2016年10月9日，为加快台州市创新驱动发展，优化创新创业环境，激发创新主体的动力，加大对科技型企业的信贷支持力度，台州市人民政府办公室印发《台州市科技型企业信贷风险补偿基金管理办法（试行）》。风险补偿基金可以通过科技支行（指经台州市科技金融协调小组认定的银行机构）向科技型企业提供信贷的风险补偿基金。该专项用于科技支行对经认定的科技型企业开展相关信贷融资服务中产生的损失进行风险补偿，为科技型企业承担有限代偿责任。风险补偿基金重点支持的企业为经台州市科技局确认的科技型中小企业，每家企业贷款额原则上不超过800万元。与此同时，台州市积极探索知识产权资本化交易机制，全市每年安排4 000万元资金搭建知识产权交易服务平台，形成包括15家专利代理服务机构、145家商标代理机构以及67家律师事务所的知识产权资本化交易网络，提供商标专用权、专利权、版权、科技成果等交易服务，引导企业采取转让、拍卖、交叉许可、质押等方式实现知识产权的市场价值。2016年至2019年期间，全市企业在技术市场拍得专利技术68项，成交额达1.4亿元。

专利技术+金融质押，解决融资难题

台州市依托国家级小微企业金融服务改革创新试验区建设，在全国率先启动商标专用权质押融资改革试点。将该项工作纳入金融支持地方经济发展的业绩考评奖励范围，出台质押融资政策6项，对银行知识产权质押贷款按最高比例给予财政奖励，在信贷调控、再贷款、再贴现政策上给予支持，并切出部分额度定向支持银行发放质押贷款，实行优惠利率。

> 成立台州市金融服务信用信息中心和小微企业信用信息共享平台，征集市场监管等12个部门的4 000多万条企业信用信息，覆盖52万余家企业与个体工商户，支持金融机构开展知识产权融资质押贷前调查、贷中审批、贷后管理。
>
> 全市培育科技银行23家，着力破解"评、贷、还"等环节瓶颈。依托全国首条直通国家商标局的商标数据专线，即时查询商标资源，打印商标质权登记证，实现商标质权登记受理"最多跑一次"。建立贷款贴息、风险补偿、专利综合保险等多种风险分担机制，为银行提供收取质押贷款利息的10%补偿。开发"标贷通"平台，引导互保联保企业置换商标权质押贷款。探索"接力贷"等还贷方式，允许优质企业无本"续贷"。截至2019年6月，全市办理专利质押融资22.2亿元，年均增长72%；办理商标质押登记数占全国总量的33%，全省的75%，商标质押融资金额达121.47亿元，居全国第一。该做法被原国家工商总局全国推广。

二、推进征信体系建设：提升小微企业信贷可得性

征信有利于降低借贷双方的信息不对称性，有利于交易的达成，从而推动全社会经济系统的高效运转，同时可以警示信用风险，降低金融发展的成本，促进金融系统的稳定。对于小微企业来说，信用信息不健全是制约其融资的重要因素之一，通过征信机构收集、整理、加工和分析小微企业信用信息，并对其资信情况进行评价，可以有效帮助商业银行筛选优质小微客户，提高小微企业信贷可获得性，促进信息共享，防范信用风险。

（一）建设社会信用体系，营造诚信社会氛围

信用体系建设是台州小微金融改革的主线，对台州经济发展有着长远的、根本性的影响。2015年，国务院将台州确认为全国小微企业金融服务改革创新试验区，并将完善信用体系建设作为试验区的一项重要改革内容。2016年

4月,台州又被确认为国家社会信用体系建设示范创建城市,为台州信用体系建设提供了重大机遇。在信用联合奖惩机制工作上,台州大胆"先行先试",率先在全国编制"守信联合激励和失信联合惩戒措施清单",梳理细化措施251项,制定联合奖惩响应流程和督查办法,为工作开展提供了制度保障,被写入国家信息中心发布的《中国城市信用状况监测评价报告(2018)》。

"十三五"期间,台州以创建国家社会信用体系建设示范城市为目标,以创新、协调、绿色、开放、共享五大发展理念为引领,加快推进政务诚信建设、深入推进商务诚信建设、全面推进社会诚信建设、大力推进司法公信建设,通过政府推动、市场运作、社会参与,全面建立与台州经济社会发展水平相适应的社会信用体系建设框架和运行机制(见表5-1)。

表5-1 台州市"十三五"时期社会信用体系建设主要指标

指标名称	实现年限	目标值	说明
公民统一社会信用代码覆盖率	2017	100%	全市被赋予统一社会信用代码的户籍人口数量/全市户籍人口总量
法人和其他组织统一社会信用代码覆盖率	2017	100%	全市被赋予统一社会信用代码的法人和其他组织数量/全市法人和其他组织总量
"7天双公示"部门覆盖率	2016	100%	已开展"7天双公示"工作的部门单位数量/具有行政许可和行政处罚职责的部门单位总数
公共信用信息报送率	2018	100%	实际报送的公共信用信息类别数量/《台州市公共信用信息指导目录》要求报送的公共信用信息类别总数
招投标和政府采购领域信用报告应用率	2020	100%	招投标和政府采购领域已使用信用报告的项目数量/要求使用信用报告的项目总数
信用贷款比例	2020	[8%,10%]	金融机构信用贷款占全部贷款余额的比重
行业诚信"红黑名单"覆盖率	2020	100%	已出台行业诚信"红黑名单"制度的单位数量/信用台州建设领导小组成员单位总数
信用服务业产值	2020	3亿元	

(二)建设信用信息共享平台,提高小微企业信用意识

2014年,台州被人民银行列入全国小微企业信用体系建设试验区,在金

融服务信用信息共享平台建设、信用信息应用推广上先试先行。2014年7月29日,台州市金融服务信用信息共享平台正式启动,台州市推进全国小微企业信用体系建设试验区工作进入了一个新的阶段。

金融服务信用信息共享平台的研究和搭建,旨在降低银企信息不对称、破解小微企业融资难题、营造"守信激励、失信惩戒"的良好信用环境。平台以"一平台、四系统、三关联"为主体架构体系,包含"基本信息系统、综合服务系统、评价与培育系统、风险预警与诊断系统"四个子系统,实现"投资、融资、法人代表与企业"三关联,具备信用立方体、正负面清单、不良企业名录库、自动评分、培育与风险预警等多种功能。目前征集整合了金融、法院、公安、地税、社保、国土、环保、建设、食品药品监督、国税、工商、质监、电力等部门的1 600万条信用信息,并通过技术手段实现信息自动化与可持续采集,确保信息采集更新的及时性、准确性、完整性,形成了在理念设计、功能构建、技术应用以及可持续能力、大数据整合上都具备全国领先水平的信用信息共享平台。

目前,金融服务信用信息共享平台共归集30多个部门118个大类的4 000多细项信用信息,包括用电、用水、纳税额等体现企业经营状况的重要指标。95%以上的小微企业贷款发放前通过该平台查询信息,有效解决了由企业自主提供信息失真、金融服务提供方跨多部门获取信息难的问题;同时,通过一站式查询,有效预警识别金融风险。信用较好的企业能够比同档企业获得3%~15%的利率优惠,一定程度上解决了小微企业融资难、融资贵的问题。建设金融服务信用信息共享平台是落实浙江省第十四次党代会关于"着力深化改革扩大开放"任务的具体举措,是实现金融和信用两者有效融合、推进金融改革创新的重要载体。信用信息共享是大势所趋、大局所需。台州市各级、各部门从全局高度,深刻认识平台建设的重要性,不断完善平台功能、构筑长效机制、提高服务能力。强化数据采集,确保及时、准确、完整;提升服务水平,扩大平台应用覆盖面;引领诚信建设,形成"守信激励、失信惩戒"的社会效应,从而不断总结提升,形成可持续、可复制、易推广的台州经验和模式。

台州还在浙江省率先实现了公共信用信息平台进政务大厅全覆盖。2018年

8月,台州市公共信用信息平台就完成了与台州市本级、县(市、区)行政服务中心审批服务业务系统的对接,实现对社会主体的信用核查自动化,系统日均调用量达2 000余次。同时,台州积极推进对失信黑名单、重点关注名单主体的整改工作,该市各类失信主体签署并公示信用修复承诺书500多份,4 000多家企业通过纠正失信行为、消除失信影响退出了黑名单。指导企业信用修复,共培训、约谈监管对象近4 000名,帮助4家重点企业修复行政处罚记录。

(三)银税互动,打破信息不对称壁垒

长期以来,小微企业在融资渠道、融资成本及信贷支持方面都处于劣势,目前小微企业融资仍以间接融资为主,信息不对称难题横亘在企业与银行之间,还需依靠金融科技的力量赋能征信服务,破解小微企业融资困境。"银税互动"是由税务部门、银保监部门与商业银行三方建立的银税合作机制,为金融部门与守信的小微企业搭起信用桥梁,解决其融资难的问题,真正实现税企银三方共赢。

银税互动在台州已经成为小微企业融资的主要渠道之一。台州市国税、地税部门通过与多家银行构建"税银互动业务合作框架",加速"税银合作"进度。建设银行台州分行、椒江农村合作银行等多家银行也积极和税务部门合作,推出了"税易贷""税微贷"等银税合作贷款产品——满足要求的小微企业(个体工商户)向银行提交申请,银行获得授权查询其纳税记录,审批通过后银行快速放款。该类型的贷款属于随借随还,企业对资金的使用比较灵活,平均融资成本也比较低,支持借款人在核定的贷款授信额度和贷款期限内循环使用,进一步加强了资金的流动性。

打通信息渠道后,众多信用良好的小微企业可以获得贷款,解决融资难题,征信系统也有利于反推企业建设信用体系。政府部门也将从中受益,可以改善地方的营商环境、推动地方征信体系建设,小微企业的贷款扶持政策的传导也会更加有效。除此之外,金融科技的加入可以扩宽征信的服务场景,如贷前尽调报告、贷后预警监测、智能查询、定制化评分系统等,更好地发挥征信作为金融业基础设施的作用,实现优化融资服务的目标。

第五章 风险控制模式

> **台州"掌上办贷"全覆盖,畅通融资最后一步路**
>
> 2019年6月,台州银保监分局依托"最多跑一次"改革和"数字台州"建设,创新开发台州市"掌上办贷"数字金融平台。经过多家银行试点,已实现全市43家银行机构全覆盖。今后,市民只要手机扫描二维码,或者关注台州市银行业协会公众号,点击右下角"掌上办贷"进入平台,就可进行线上申请贷款。
>
> "掌上办贷"数字金融平台多维度引入台州政府有关信息,实现工商、税务、海关、环保等数据及时查询和共享应用,打破了信息壁垒和数据孤岛。通过实施融资监测、对接、服务全覆盖机制,开发区域融资满足状况热图,分层分类展示了区域融资满足情况,进一步推动解决民营企业、小微企业融资难、融资贵取得实质性突破。
>
> 自2019年运行以来,该平台累计上线全市43家银行机构的140余款贷款产品,累计完成9 750户企业、个人的授信工作,授信金额达46.6亿元。为了深入推进小微企业信用体系建设,人民银行台州市中心支行在与经信、科技、文化等部门合作建立联合培育机制的基础上,进一步扩大"培育池"范围,将信用良好的企业纳入"培育池",结合共享平台信用评分及外部信用评级,筛选一批具有发展潜力的小微企业进入"培育池",并推动政府出台贷款贴息、风险补偿等政策,引导金融机构设立专营机构、创新特色产品,从财政、融资、担保、服务等方面予以重点扶持,形成"信用评级、辅导培育、专营机构、特色产品、政策扶持"的培育体系,从而进一步推动小微企业融资发展。

三、创新服务模式:坚持服务小微企业定位

"小微"是台州的名片。这座常住人口约600万人的城市,有约50万家经营主体,其中超40万家是小微企业。台州灵活的民营经济机制,成就了台州"中国重要工业生产出口基地"的地位,孕育了一大批占全市企业总数

99%以上的小微企业。小微企业就像交错的血管,广泛分布在台州城市之中,为城市发展输送着源源不断的动力。

(一) 银行重心下沉,保证小微市场定位不偏移

台州被设立为试验区以来,坚持以服务实体经济、服务小微企业为改革创新的出发点和落脚点,充分发挥政府及金融机构作用,全面推行普惠性小微企业金融服务,扩大金融服务机构的数量和范围。对此,台州大力支持发展小法人金融机构,形成了多元化、多层次、差异化的小微金融服务格局。各国有银行、股份制商业银行组建了形式多样、灵活有效的小微企业金融服务专营机构230多家。其中,台州银行、浙江泰隆商业银行、浙江民泰商业银行3家城市商业银行已发展成为小微企业金融服务的专营银行;各农合机构发挥网点优势,助推农村经济和小微企业发展;村镇银行、小额贷款公司和资金互助社等新型金融组织也专注服务"三农"、个体工商户和小微企业。

在这些措施的配合下,台州形成了国有银行服务大中型企业、股份制商业银行服务中小企业、城市商业银行及小微金融专营机构专注服务小微企业的多层次金融服务组织体系。这种"遍地开花"的体系,能更好地满足小微企业的需求和发展。在台州,民营、小微企业融资"供需两旺",银行与民营、小微企业共生共荣。一方面,企业合理的融资需求,可以从银行得到满足,而且价格合适、服务便捷;另一方面,银行有意愿也有能力为企业提供优质服务,同时实现自身可持续发展。

(二) 传统与科技兼容并进,打造出新时代的小微金融品牌

控制风险是做好民营、小微企业金融服务的关键。台州银行业通过多年探索,形成了"三品三表""三看三不看"的信贷风控模式。对民营、小微企业客户,主要考察人品信不信得过,产品卖不卖得出,物品靠不靠得住;核实水表、电表和海关报表,通过交叉验证,获得客户的真实信息和实际需求。同时,对于有劳动意愿、有劳动能力且无不良嗜好的客户,如果不能提供抵押物,也找不到合格担保人,可以由与借款人具有亲情、友情等道义关

系的第三人担保。这种方式把个人信用转化为信贷价值,不良贷款率很低。

不容忽视的是,高科技在风险控制中的作用日益凸显。从2014年开始,台州银行引进和应用大数据技术,开发了小微贷、信用卡、消费贷等不同群体的准入、审批、贷后风险模型及定额、定价模型,通过大数据模型600多个规则辅助信贷决策"可不可以贷、贷多少、什么价格贷",大数据模型弥补了传统信贷技术的不足,实现了信贷技术的升级。为了进一步推动现场检验与数据驱动融合,鼓励"数据跑"协助"人工跑",台州银行与小微贷评分模型专家合作,开发了信用风险内部评级系统,建立预筛选评分卡、信审评分卡和贷后行为评分卡,提升客户风险识别、监测、计量、控制能力,利用大数据技术,提升风控技能。信用评分卡包含一整套的决策模型及其支持技术,能够大大提升获客的精准性、量化风险、提高信贷工作效率,有效解决信息不对称难题。在此依托之下,台州逐渐形成"技防"与"人防"相结合的风险识别和管控体系,提升信用风险管理的能力和效率,实现民营、小微贷款的商业可持续。

浙江(台州)小微金融研究院+厦门大学数据挖掘研究中心联合推进小微企业信用评分研究项目[①]

2019年,浙江(台州)小微金融研究院与厦门大学数据挖掘研究中心合作发布了《基于多源数据融合小微企业信用评分和实时推荐系统》(以下简称《报告》),项目的研究对象是台州市小微企业,数据来源于浙江(台州)小微金融研究院、台州市政府平台,主要包括台州市金融服务信用信息共享平台和台州银保监分局。

该项目建立的小微企业信用评分体系,不仅仅响应了2015年国务院印发的《促进大数据发展行动纲要》中提出的"加快政府数据开放共享,推动资源整合,提升治理能力"的要求,更是进一步建立了"用数据说话、用数据决策、用数据管理、用数据创新"的管理机制。

---

① 项目详情见http://www.kuangnanfang.com/?id=5。

《报告》指出，小微企业是市场的重要参与者和贡献者，民营经济在台州市经济中占据举足轻重的作用，传统金融服务体系对小微企业资金供给局限性仍然存在。该项目对台州市44万条小微企业的有关商业活动所产生的数据进行集成和融合，然后运用机器学习、人工智能、统计学的相关知识建立小微企业的信用评分模型，评估小微企业的信用状态，预测小微企业未来的信用变化，解决小微企业和银行之间的信息不对称问题，提高金融机构对小微企业的贷款审批效率和精准营销能力，解决小微企业融资难、融资贵的问题，为全国小微企业金融服务树立典范。

台州银行业在传统小微企业金融服务的良好基础上，积极融入现代金融科技手段，创新推出"智慧小微"金融服务新模式，构建了线上线下"融合化、数字化、智能化"的小微金融服务体系平台，开发基于互联网技术的"移动工作站"，实现在线快速精准授信，扩展了银行服务辐射范围，实现客户"一次也不用跑"，显著提升了客户体验，其主要方式包括移动工作站、移动营业厅和半信贷工厂。

健全特色的小微风控模式，实现商业可持续发展

台州久亿洁具有限公司是一家生产和销售卫浴龙头及配件的企业，总经理叶圣岳讲述了企业"死里逃生"的故事。

"有一次，一家客户应付的100万元尾款没有到账，可我们给供应商打款的最后期限到了，企业现金流非常紧张。"叶圣岳说，无奈之下只能向台州银行新桥支行客户经理求助。"当时银行年底的放贷工作已经结束了，但了解情况后，客户经理还是决定帮我申请贷款，只用10分钟这笔流动资金贷款就批了下来，企业得救了！"

台州久亿洁具的经历是台州银行业支持民营、小微企业的真实写照。"服务民营、小微企业的市场定位是我们进行的理性商业选择，是'我要做'而不是'要我做'。"台州银行行长黄军民说，民营、小微企业是一个很值得精耕细作的市场。目前全行户均贷款40.49万元，500万元以下的贷款户数占比超过99%。

"与客户做朋友"的社区银行模式是台州银行业服务小微的重要做法。浙江民泰商业银行以建立小微金融"根据地"为服务策略，重点开发"一个村居、一个园区、一个市场、一个行业、一个商会（协会）"。浙江泰隆商业银行以物理网点为中心，在一定服务半径内，划定客户经理的"责任田"，实现网格化管理。全行300多家机构，90%以上分布在郊区和乡镇。

第六章 政策支持体系

一、国务院相关政策

小微企业是国民经济发展的生力军,在稳定增长、扩大就业、促进创新、繁荣市场和满足人民群众需求等方面,发挥着极为重要的作用。加强小微企业金融服务,是金融支持实体经济和稳定就业、鼓励创业的重要内容,事关经济社会发展全局,具有十分重要的战略意义。党中央、国务院高度重视小微企业的发展,出台了一系列财税金融扶持政策,取得了积极成效(见表6-1)。

表6-1 财税金融扶持政策

日期	相关文件/会议	政策支持
2012年4月19日	《国务院关于进一步支持小型微型企业健康发展的意见》	一是加大对小型微型企业的财税扶持力度。二是加大对小型微型企业的金融支持力度。三是鼓励小型微型企业创业创新。四是加强对小型微型企业的公共服务
2013年7月1日	《国务院办公厅关于金融支持经济结构调整和转型升级的指导意见》	优化完善相关监管政策,逐步推进信贷资产证券化常规化发展,适度放开小额外保内贷业务,适当提高对小微企业贷款的不良容忍度
2013年8月8日	《国务院办公厅关于金融支持小微企业发展的实施意见》	一是确保实现小微企业贷款增速和增量"两个不低于"的目标。二是加快丰富和创新小微企业金融服务方式。三是着力强化对小微企业的增信服务和信息服务。四是积极发展小型金融机构。五是大力拓展小微企业直接融资渠道。六是切实降低小微企业融资成本。七是加大对小微企业金融服务的政策支持力度。八是全面营造良好的小微金融发展环境

续表

日期	相关文件/会议	政策支持
2014年9月17日	国务院出台六项政策扶持小微企业	一是加大进一步简政放权力度。加快清理不必要的证照和资质、资格审批，为小微企业降门槛、除障碍。二是加大税收支持。从2014年10月1日至2015年底，将月销售额2万~3万元的小微企业也纳入暂免征税范围。三是加大融资支持。四是加大财政支持。五是加大中小企业专项资金对小微企业创业基地的支持。六是加大服务小微企业的信息系统建设，方便企业获得政策信息，运用大数据、云计算等技术提供更有效服务
2014年10月31日	《国务院关于扶持小型微型企业健康发展的意见》	一是进一步完善小型微型企业融资担保政策。二是鼓励大型银行充分利用机构和网点优势
2015年12月31日	《推进普惠金融发展规划（2016—2020年）》	鼓励地方各级人民政府建立小微企业信用保证保险基金，用于小微企业信用保证保险的保费补贴和贷款本金损失补偿
2017年9月27日	国务院常务会议	会议决定，在狠抓现有政策落实的同时，采取减税、定向降准等手段，激励金融机构进一步加大对小微企业的支持
2018年3月28日	国务院常务会议	一是确定深化增值税改革的措施，支持制造业、小微企业等实体经济发展。二是决定设立国家融资担保基金，推动缓解小微企业和"三农"等融资难题
2018年8月30日	国务院常务会议	为鼓励增加小微企业贷款，决定从2018年9月1日至2020年底将符合条件的小微企业和个体工商户贷款利息收入免征增值税，单户授信额度上限提高
2018年10月22日	国务院常务会议	决定设立民营企业债券融资支持工具，对有市场需求的中小金融机构加大再贷款、再贴现支持力度，提高对小微企业和民营企业金融服务的能力和水平
2018年11月9日	国务院常务会议	要求加大金融支持缓解民营企业特别是小微企业融资难融资贵
2019年1月22日	《国务院办公厅关于有效发挥政府性融资担保基金作用切实支持小微企业和"三农"发展的指导意见》	鼓励政府融资担保基金服务小微金融和农村金融，扩展资金来源

二、监管部门相关政策

小微企业发展困难重重,一是由于自身实力较弱且发展能力有限,经营风险较高。在结构调整过程中或市场竞争加剧时,小微企业承受冲击的能力确实有限。二是从金融机构的角度来看,小微企业对大企业的议价能力虽然不高,但损失风险高于一般平均水准。从覆盖风险角度看,金融机构需用利率覆盖风险,这意味着融资成本会非常高,可能超出小微企业承受幅度。因此,财政资金介入是十分关键且必要的,这些资金可以帮助小微企业分散风险。

小微企业贷款问题的核心在于金融机构在成本和风险无法得到有效覆盖的前提下难有积极性,导致了不敢贷、不愿贷的局面。对于如何解决这些难点,监管部门与银行机构正在不断探索新的思路与方式。针对小微企业融资难的问题,近些年以来,政策相继落地,监管框架逐步完善,不断提高银行给小微企业投放信贷的能力和意愿。

表6-2 监管部门相关政策

日期	文件	政策支持
2011年5月23日	《银监会关于支持商业银行进一步改进小企业金融服务的通知》	重点对单户金额500万元(含)以下的小企业贷款加大支持力度
2011年10月24日	《中国银监会关于支持商业银行进一步改进小型微型企业金融服务的补充通知》	明确小型微型企业贷款风险权重的计算原则;规范商业银行小型微型企业贷款收费问题;明确小型微型企业贷款优惠计算风险权重
2013年7月23日	《国家发展改革委关于加强小微企业融资服务支持小微企业发展的指导意见》	一是加快设立小微企业创业投资引导基金,吸引社会资本设立创业投资企业,主要投资于小微企业。二是支持符合条件的创业投资企业、股权投资企业、产业投资基金发行企业债券,专项用于投资小微企业。三是扩大小微企业增信集合债券试点规模。四是鼓励地方融资平台发债支持小微企业融资

第六章 政策支持体系

续表

日期	文件	政策支持
2013年8月29日	《中国银监会关于进一步做好小微企业金融服务工作的指导意见》	首次提出将小微企业贷款覆盖率、小微企业综合金融服务覆盖率和小微企业申贷获得率3项指标纳入监测指标体系，并按月进行监测、考核和通报
2014年3月20日	《关于开办支小再贷款支持扩大小微企业信贷投放的通知》	要求人民银行各分支机构加强对支小再贷款的监督和管理。加强对借款金融机构资金运用的监测，确保支小再贷款用于支持小微企业
2014年7月23日	《中国银监会关于完善和创新小微企业贷款服务提高小微企业金融服务水平的通知》	要求金融机构丰富完善贷款品种，科学运用循环贷款、年审制贷款等业务品种，合理采取分期还款等灵活的还款方式，提高小微企业使用贷款资金的便利程度，减轻小微企业一次性还款压力
2014年10月24日	《关于金融机构与小型微型企业签订借款合同免征印花税的通知》	自2014年11月1日至2017年12月31日，对金融机构与小型、微型企业签订的借款合同免征印花税
2015年3月6日	《中国银监会关于2015年小微企业金融服务工作的指导意见》	鼓励小微贷款，允许小微企业贷款不良率高出全行各项贷款不良率年度目标2个百分点以内，不作为内部对小微企业业务主办部门考核评价的扣分因素
2016年12月30日	《中国银监会关于进一步加强商业银行小微企业授信尽职免责工作的通知》	进一步完善商业银行小微企业授信业务管理机制，推动小微企业金融服务持续健康发展
2017年5月23日	《大中型商业银行设立普惠金融事业部实施方案》	推进大中型商业银行设立普惠金融事业部，聚焦小微企业、"三农"、创业创新群体和脱贫攻坚等领域
2018年2月11日	《中国银监会办公厅关于2018年推动银行业小微企业金融服务高质量发展的通知》	首次提出对普惠型小微金融余额指标的考核要求。自2018年起，在银行业普惠金融重点领域贷款统计指标体系的基础上，以单户授信总额1 000万元以下（含）的小微企业贷款（包括小型微型企业贷款＋个体工商户贷款＋小微企业主贷款）为考核重点，努力实现"两增两控"目标

2019年6月24日，人民银行、银保监会召开了小微企业金融服务有关情况的发布会。为全面总结2018年小微企业金融服务的新政策、新做法、新成

效，系统阐述小微企业金融服务工作思路，更好地回答社会关切，人民银行会同银保监会等部门编写了《中国小微企业金融服务报告（2018）》（以下简称白皮书），这也是我国政府相关部门首次公开发布的小微企业金融服务白皮书。

白皮书指出，小微企业金融服务事关经济转型升级和民生就业大局，是一项长期性、综合性、系统性工程。当前和今后一段时期，金融系统将牢牢把握"金融服务实体经济"这一根本宗旨，紧紧围绕供给侧结构性改革这一主线，按照商业可持续的原则，坚持市场化发展和政策支持有机结合。发挥政府部门、金融机构和社会中介组织的合力，持续破解小微企业融资中的难点和问题，加快构建起开放包容、竞争充分、成本适度、风险可控的小微企业金融服务体系，为小微企业创新发展提供优质高效的金融服务。同时，相关部门加强统筹协调，发挥差别化监管和财税优惠等政策合力，小微企业金融服务工作取得阶段性进展。小微企业金融服务的能力和水平显著提升。信贷投放持续增加，利率水平稳步下降，覆盖面不断拓宽。截至2018年末，全国普惠口径小微企业贷款余额达8万亿元，同比增长18%，增速比上年末高8.2个百分点；单户授信500万元以下小微企业授信户数同比增长35.2%。2018年12月，当月新发放的单户授信500万元以下小微企业贷款利率同比下降0.39个百分点。与此同时，金融支持科技创新型小微企业力度持续加大。围绕科技创新型小微企业全生命周期不同阶段的融资需求，建立贷、债、投结合的投融资产品体系。创新投贷联动模式，加大创业担保贷款支持，开展知识产权质押贷款，拓宽多元化融资渠道，支持大众创业、万众创新。

有关小微企业的支持政策频出，我们发现所有这些政策的主要侧重点有三个方面：一是降低小微贷款资金的成本，监管层鼓励银行从事小微金融服务业务，也希望小微企业能够以更低的成本得到融资。二是提高小微贷款的流动性，如纳入中期借贷便利合格抵押品范围等。三是提高小微金融的安全性，如国家融资担保基金对小微融资担保金额不低于80%。

三、政策体系之下的"台州模式"

从 2013 年国务院密集出台支持小微企业发展的相关意见,召开经验交流大会,到 2014 年李克强总理提出"大众创业,万众创新",小微企业发展进入重要的历史时期。作为全国小微企业金融服务改革创新试验区,浙江省台州市在实践中形成了一套特色鲜明、行之有效的小微金融服务体系。

"昨天做小微,今天做小微,明天还是做小微",这是台州银行业深耕小微的信条。以此为导向,台州市致力于推动金融供给侧和企业需求侧的匹配,积极探索小微金融改革创新,形成一套自有的"台州模式",为全国提供了一个值得借鉴的小微金融服务模式,获得了小微金融"全国看浙江、浙江看台州"的美誉。

(一)领跑全国,探索发展金融服务"台州模式"

2015 年 12 月 2 日,国务院总理李克强主持召开国务院常务会议,会议决定在台州建设国家级小微企业金融服务改革创新试验区,为全国探索可复制、可推广的法人小微企业金融服务经验。台州市委市政府高度重视,把试点工作列为全面深化改革的头号任务,作为助推再创民营经济新辉煌的重要抓手,以打造"实体经济+小微金融+五心服务"的新时代"台州现象"为战略高度,大胆探索,先行先试,取得了一系列基础性、关键性、首创性的改革成果,形成了以"专注实体、深耕小微、资金融通、精准供给、稳健运行"为主要特征的小微金融服务"台州模式",得到了国务院总理李克强、副总理刘鹤等国家领导和时任省委书记车俊、省长袁家军等省领导的批示肯定。

(二)再获国家立项,台州市积极推动政策落地

2015 年 11 月 7 日,小微金融指数(台州样本)在 2015 年海峡两岸小微金融发展论坛上发布;2015 年 12 月 11 日中国人民银行、国家发展改革委、财政部、银监会、证监会、保监会、国家外汇管理局七部委联合发布《浙江

省台州市小微企业金融服务改革创新试验区总体方案》。2016年3月24日，浙江省政府在台州召开台州小微企业金融服务改革创新试验区推进大会；3月28日，浙江省政府发布《浙江省人民政府办公厅关于印发浙江省台州市小微企业金融服务改革创新试验区实施方案的通知》。2017年，台州小微金融改革标准化试点再获国家级立项。2018年7月9日，台州市政府发布了《台州市人民政府办公室关于印发台州市"小微企业三年成长计划"（2018—2020年）的通知》。

2019年以来，银保监会浙江监管局积极推动政策性转贷款业务在台州的扩面落地，在台州这片小微金融改革的沃土上，有效发挥"政策性银行有资金和小法人银行有渠道"的优势互补作用，探索出降低小微企业融资成本和支持实体经济发展的新路径。在银保监会、银保监会浙江监管局及国家政策性银行的大力支持下，台州获得了"3个3"的专项政策支持，即通过转贷款合作为台州3家城市商业银行为主的小法人银行提供每年不低于300亿元、持续3年的专项信贷资金。

（三）政府牵头，破解担保和增信难问题

台州坚持以服务实体经济、服务小微企业为改革创新的出发点和落脚点，充分发挥"有为政府"和"有效市场"作用，取得了一系列基础性、关键性、首创性改革成果，有效缓解了小微企业融资难、融资贵问题。台州采取"政府出资为主、银行捐资为辅"方式设立信保基金，为民营、小微企业、"三农"等缺乏担保源的市场主体提供担保。按照"市场驱动、监管推动、自愿转贷、保本微利"的原则，银保监会台州监管分局牵头制定转贷款试点实施方案，通过四级联动、市场化、专业化、法制化的合作机制，加强组织领导。与此同时，政府鼓励金融机构积极对接全市新一轮"小微企业三年成长计划"，引导其增加民营企业和小微企业信贷投放，持续扩大小微企业信贷规模和覆盖面，降低融资成本；引导银行机构针对小微企业园、科创型、供应链型、吸纳就业型等四类重点小微企业，量身订制差异化的金融服务方案。

第七章　台州小微企业金融服务总结与建议

台州在推动小微金融改革创新过程中,以"有为政府"和"有效市场"为主要特征,坚持问题为导向,逐项发力,针对性解决,取得了良好效果,赢得了小微金融"全国看浙江、浙江看台州"的美誉。但小微金融是一个世界性难题,台州市小微金融目前也存在以下问题需要进一步改进。

一、存在的主要不足

(一) 小微企业自身素质偏弱影响金融服务可持续性

小微企业同大中型企业相比规模小、竞争力不强,容易受到宏观经济形式和行业周期的影响,自身抵抗风险的能力较弱,为小微企业提供金融服务的风险成本也更高。2016—2019年小微企业关停的原因中,平均每年有49.37%的企业由于经营不善导致关闭停业,经营不善连续4年位于关停原因之首。2019年,台州小微企业全年注销总数为14 913家,比2018年注销总数降低14.5%,总体经营趋势转好,但关停数量仍较高,表明台州小微企业自身素质仍较弱,对金融服务的可持续性产生不良影响。此外,目前台州小微企业贷款风险仍然较高,还款能力弱,导致次级贷款的比例较大,2016—2019年台州市小微企业的不良贷款中次级贷款占比最大,达到55.09%,说明在不良贷款中有一半以上的小微企业还款能力出现明显问题,依靠其正常营业收入无法足额偿还贷款本息,导致小微金融服务风险增大。

(二) 直接融资服务功能发挥不足

台州市直接融资体系在服务小微企业方面的功能发挥不足,一是股权融资市场偏重大中型企业,中小板、创业板等中小企业股权融资市场门槛高、限制条件多,初创型企业上市融资难度大。2019 年小微企业贷款余额为 3 516.77 亿元,同比增长 15.01%,小微企业信贷支持持续增强。2019 年全市企业完成直接融资 383.48 亿元,较上年增长 15.56%。台州小微企业直接融资水平虽有提升,但直接融资的比例仍较低,约占贷款余额的 10.9%,可见目前台州市中小企业融资的方式主要是通过银行贷款,融资方式较为单一。此外,在直接融资的组成中,债券融资规模占据主要部分,达到 350.59 亿元,主要通过国有平台发行各类债券 170.01 亿元和银行机构发行债券融资 151.69 亿元,而中小企业集合债(集合票据)、区域集优票据、私募债券等的发行尚处于起步阶段。二是创业投资、天使投资发展仍不充分,基金数量偏少。截至 2019 年末,全市在中国基金业协会登记备案的私募基金管理人仅 30 家。投资类金融机构发展相对滞后,会致使创新型小微企业融资特别是获得中长期资金更为困难,进而可能不利于台州市产业结构和经济的转型升级。

(三) 新设机构作用较为有限

从金融机构授信情况来看,村镇银行、小额贷款公司等新设金融机构表现并不出色。从小微企业授信机构来看,2019 年大型国有商业银行与政策性银行、全国性股份制商业银行、城市商业银行、农村商业银行授信额度占比高达 98.6%,对台州小微企业资金支持发挥主导作用,而新设的村镇银行、小额贷款公司等机构的授信占比仅为 1.4%,发挥作用较小。在贷款方面,大型国有商业银行与城市商业银行也是贷款增长的主力军,其中仅农业银行单家机构贷款增量达 158.27 亿元,占全市贷款增量的 14%。

(四) 政策性融资担保体系的支撑作用尚未完全发挥

小微企业经营风险和信贷风险相对于大中型企业偏高,商业银行获得的收益较难完全覆盖风险,需要政策性担保机构提供支持。虽然目前台州市已有相当数量的政策性融资担保公司,但受制于体制机制障碍,实际担保效果尚未充分发挥。如政策性担保公司的绩效考核方法不科学,过分侧重盈利和资本保值增值等指标,风险容忍度较低,这造成担保过于谨慎保守,不能充分发挥其应有的分担风险、补偿风险的作用。截至 2019 年 9 月末,台州政策性融资担保体系在保余额 99.20 亿元,而截至 2019 年 5 月末,台州小微企业贷款余额已达 3 231 亿元,在保余额仅占小微企业贷款余额较小比重,仍有大部分小微企业未能得到政策性担保机构的担保。

(五)社会信用体系和营商环境有待优化

社会信用体系不完善是制约台州市小微企业金融服务的其中一个重要因素。一是银企信息不对称问题亟待解决。小微企业融资难主要难在缺信息、缺信用,企业的信用信息和经营信息对金融机构至关重要。台州市已于 2014 年搭建了金融服务信用信息共享平台,取得了较好的效果,但分析 2016—2019 年企业关停原因中仍有 6.96% 的企业是由于高息借款,说明企业的融资压力仍较大,信用问题较为突出,信用信息共享平台需进一步完善功能和增加更多市场主体的信息。二是现行的金融政策如核定一级交易商资格、中期借贷便利(MLF)、定向中期借贷便利(TMLF)、永续债、中央银行票据互换(CBS)等都设有较高的规模门槛,使得真正做小微且资产质量优的小银行只能望"门"兴叹。针对"小而精"法人机构的正向激励机制尚未建立健全,使得这部分坚持深耕细作、"做小做微"的小微金融机构发展和成长受阻,从而影响其为小微企业提供优质的服务和资金支持。

二、完善台州小微企业金融服务的政策建议

台州经验表明,小微金融改革要结合当地经济发展的实际和特点,突出特色定位,坚持问题导向,针对区域经济金融发展中的痛点、难点和重点问题来进行改进,不断探索出可复制、可推广的经验。

（一）加强规范引导，完善金融服务体系和传导机制

一是大力培育发展中小金融机构。引导督促城市商业银行、农村商业银行、农村信用社等地方法人银行回归本源，增加金融供给主体，加快建设多层次、差异化的金融服务组织体系，有效匹配小微企业金融需求。二是推动台州市商业银行深化体制机制改革。从流程、方法、技术等方面入手，增强商业银行小微企业贷款差异化风险定价能力，落实细化小微企业授信尽职免责制度、不良贷款容忍要求，降低小微金融从业人员利润指标考核权重，增加专项激励费用和利润损失补偿；落实内部资金转移定价优惠，让基层信贷人员"愿贷、能贷、会贷"。三是加快出台非存款类放贷组织条例。促进小额贷款公司等非存款类放贷组织规范可持续发展，更好发挥民间融资在小微企业融资体系中的补充作用。

（二）夯实对接资本市场基础，拓宽小微企业直接融资渠道

夯实对接资本市场基础，不断拓宽小微企业直接融资渠道，提高资金使用效率，降低融资成本。第一，推进企业治理与管理升级。高质量推进企业"小升规"和股改工作，实施企业管理创新行动计划，对小微企业工业园入园企业实现基础规范管理全覆盖，帮助小微企业建立精益管理、绿色管理、人本管理等现代管理方法，指导建立与企业发展阶段、所处行业相匹配的治理结构，不断加强企业运营规范化、科学化，为小微企业开展早期直接融资和后期挂牌上市打下基础。第二，深化资本服务平台建设。深化与浙江股权交易中心合作共建"台州小微板"，实施"雏鹰计划"，优选全市高质量科技型小微企业开展精细化、精准化服务，构建"规范培育、直接融资、转让交易和股权定价"等金融创新服务体系；开展全程企业挂牌服务和企业联合辅导中心两个服务平台试点，发挥市场化机构优势，对符合条件的中小微企业，从培育发展到推动新三板挂牌进行全程和前期"零"收费服务；联合本区域内优质中介机构对面广量大中小微企业提供"一站式"全方位法律、财务、税务、管理咨询、人力资源以及贸易服务等业务。第三，加强直接融资模式

创新。推进有条件园区牵头组织园内企业发行的双创债、中小企业集合债等。争取国家投贷联动试点,大力鼓励银行机构开展投贷联动模式创新。加强综合金融服务,推动股权投资、信用保险、区域股权交易中心等机构联合成立投资基金,引导天使投资服务科技创新型小微企业,对科创类小微企业试点发行可转债产品。

(三) 加强金融科技运用,提升新设机构效能

一是进一步加强农村地区大数据平台建设,充分发挥大数据的信息优势,深入挖掘村镇银行、小额贷款公司等新设金融机构效果不理想的具体原因和改进策略。二是发挥互联网、大数据信息优势,提高新设机构小微企业信贷投放效率,以提高用户体验性为基础,整合重构移动支付平台,推广网上银行、手机银行等新型支付终端的应用。以市场需求为导向,大力开发个性化、差异化、订制化金融产品和服务,着力打通金融活水流向实体经济的"最后一公里"。三是加强服务平台建设。加快小微金融服务体系标准化建设进程,健全小微企业公共服务平台、小微企业信贷产品咨询平台和小微金融服务平台,力促信贷工厂、金融超市、社区银行等新兴小微金融服务模式"本土化"。四是加强区块链技术的应用,通过区块链搭建供应链金融平台,使传统的供应链金融突破仅存在于核心企业与一级供应商或经销商之间的狭小范围而能惠及整个链条,为处于更为末端的小微企业增信,从而使其同样获得银行信任。探索推出银行主导模式、核心企业主导模式、第三方平台主导模式及监管层主导模式的区块链供应链金融平台。银行可以积极推出基于区块链技术的企业应收款平台,利用区块链将传统的只注重对资产负债表、现金流量表、利润表的审查,变成了对"四流",即商流、资金流、物流、信息流的控制,实现多级信用穿透。核心企业可以通过电子方式确认及承诺对供应商的应付账款,从而帮助供应商盘活应收账款,积极探索以核心企业为主导的区块链供应链金融平台。第三方平台作为小微企业与小型银行的桥梁,以撮合服务为目的,将整个链上涉及的核心企业、资金提供方、资金需求方、担保方、数据信息服务方等进行连接与整合。可以依靠区块链技术在保障数据

安全的前提下,实现数据共享与合作,协调生态圈中各方利益与需求,形成完整的供应链金融生态圈。监管层可以与银行、科技公司、院校等展开广泛合作,探索出监管层主导的区块链平台,为监管机构提供金融监管系统,实现对平台上各种金融活动的动态实时监测。

(四)完善政策性融资担保体系,增强金融机构服务小微企业的能力

全力推进小微企业创业创新工作,完善小微企业政策性融资担保体系。一是健全政策性融资担保业务考核激励机制,提高融资担保代偿率容忍度,降低或取消对政策性担保机构的盈利要求。二是推动小微企业辅导基金增量扩面。推动地方政府整合分散在部门间的资源,以政府出资为主、银行资助为辅的模式,逐步扩大台州小微企业辅导基金规模;加快推动信保基金增量扩面,围绕七大千亿产业、现代化湾区、小微园区等领域,创新推出专项担保产品。三是发挥好台州市融资担保公司作用,引导政策性担保机构提供专业化担保增信支持民营企业发债、贷款融资担保。

(五)深入推进小微企业信用体系建设,优化区域金融环境

持续深入推进小微企业信用体系建设,不断优化金融生态环境。一是推进信用信息共享平台融资对接功能深度开发,进一步扩大小微企业信用信息来源,实现小微企业融资需求和银行金融产品在线上无缝对接。同时推进银企信息服务平台建设,依法开放相关信息资源,推动数据共享,加快搭建并完善涵盖金融、税务、市场监管、社保、海关、司法等大数据的服务平台,深度利用平台大数据,挖掘信用信息价值,进一步降低银企信息不对称问题。二是深入推进全国小微企业信用体系建设试验区和国家信用体系建设示范城市建设。继续推广信用户、信用村(社区)、信用乡镇(街道)、信用县等区域信用创建和成果运用。充分发挥"天罗地网"在金融风险发现、预警、处置、反馈等方面的功能,加强大数据技术应用合作。加强各类地方金融组织监管,发挥好行业自律管理作用。依法严厉打击各类金融违法犯罪行为,守

住区域金融风险底线。三是加强规范引导,增强小微企业自身素质和融资能力。引导小微企业增强诚实守信意识,建立完善的法人治理结构,规范会计核算制度,严格区分个人家庭收支与企业生产经营收支,主动做好信息披露。加强自身财务约束,科学安排融资结构,规范关联交易管理,合理控制负债率和杠杆水平,减少盲目投资和过度担保行为,保持企业流动性处于合理水平,增强可持续发展和融资能力。四是健全守信激励和失信惩戒机制。严厉打击金融欺诈、恶意逃废债、非法集资等非法金融活动;依法依规查处小微企业和金融机构弄虚作假、骗贷骗补等违法违规行为,将其记入机构及相关责任人的信用记录,将失信问题严重的纳入涉金融失信黑名单,并实施跨部门多层级失信联合惩戒。

结束语

　　小微企业是经济新动能培育的重要源泉，在推动经济增长、促进就业、激发创新活力等方面发挥着重要作用。党中央、国务院历来高度重视小微企业金融服务工作。台州市积极响应党中央决策部署，不断深化小微企业金融服务，推动金融供给侧结构性改革，增强金融服务实体经济能力。近年来，台州市小微企业金融服务的能力和水平显著提升，银行业金融机构组织和产品体系不断健全，多层次市场融资支持体系功能持续完善，小微企业金融服务政策体系更加健全，风险补偿机制和征信体系日趋完整。但是还要认识到解决小微企业融资难、融资贵这一世界性难题是一个长期、复杂、艰巨的过程，台州市小微企业金融服务在广度和深度上都还有较大的提升空间。下一阶段，要以习近平新时代中国特色社会主义思想为指导，牢牢把握"金融服务实体经济"这一本质要求，深化金融供给侧结构性改革，坚持市场化发展和精准支持导向，循序渐进、综合施策，不断优化小微企业金融服务的机构体系、产品体系、市场体系、政策体系和生态环境，进一步为小微企业提供更高质量、更有效率的金融服务，为实现"两个一百年"的目标努力奋斗。

参考文献

[1] 王去非. 对小微金融"台州模式"的认识 [J]. 中国金融, 2019 (20): 39-41.

[2] 中国人民银行, 中国银保监会. 中国小微企业金融服务报告 (2018) [R]. 北京: 中国金融出版, 2019: 128-129.

[3] 中国人民银行台州市中心支行. 台州金融动态 (2019 年度) [R]. 2019.

[4] 方匡南, 曾武雄. 阿里网购价格指数与官方 CPI 的关系 [J]. 统计与信息论坛, 2018, 33 (2): 28-35.

[5] 中国银保监会, 中国人民银行. 2019 年中国普惠金融发展报告 [R]. 2019.

[6] 张有荣. 浙江: 匠心铸造小微金融"台州模式" [N]. 中国保险报, 2019-09-26 (034).

[7] 王钧. 专注小微 践行普惠——泰隆银行小微金融服务的探索与实践 [J]. 中国银行业, 2019 (8): 6, 50-52.

[9] 史建平. 中国中小微企业金融服务发展报告 (2017) [R]. 北京: 中国金融出版社, 2017.

[10] K. Fang, Y. Jiang, M. Song, Customer Profitability Forecasting Using Big Data Analytics: A Case Study of the Insurance Industry [J]. *Computers and Industrial Engineering*, 2016.

[11] W. Lan, Y. Ding, Z. Fang, K. Fang. Testing Covariates in High Dimension Regression with Latent Factors [J]. *Journal of Multivariate Analysis*, 2015 (11).

[12] K. Fang, J. Wu, C. Nguyen. The Risk – return Tradeoff in A Liberalized Emerging Stock Market: Evidence from Vietnam [J]. *Emerging Market of Finance and Trade*, 2015.

[13] W. Lv, X. Hong, K. Fang. Chinese Regional Energy Efficiency Evaluation Based on Super Efficiency DEA Model and MalmquistIndex [J]. *Annals of Operation Research*. 2015 (5).

附录 A 统计上大中小微型企业划分标准

行业名称	指标名称	计量单位	大型	中型	小型	微型
农、林、牧、渔业	营业收入（Y）	万元	Y≥20 000	500≤Y<20 000	50≤Y<500	Y<50
工业*	从业人员（X）	人	X≥1 000	300≤X<1 000	20≤X<300	X<20
	营业收入（Y）	万元	Y≥40 000	2 000≤Y<40 000	300≤Y<2 000	Y<300
建筑业	营业收入（Y）	万元	Y≥80 000	6 000≤Y<80 000	300≤Y<6 000	Y<300
	资产总额（Z）	万元	Z≥80 000	5 000≤Z<80 000	300≤Z<5 000	Z<300
批发业	从业人员（X）	人	X≥200	20≤X<200	5≤X<20	X<5
	营业收入（Y）	万元	Y≥40 000	5 000≤Y<40 000	1 000≤Y<5 000	Y<1 000
零售业	从业人员（X）	人	X≥300	50≤X<300	10≤X<50	X<10
	营业收入（Y）	万元	Y≥20 000	500≤Y<20 000	100≤Y<500	Y<100
交通运输业*	从业人员（X）	人	X≥1 000	300≤X<1 000	20≤X<300	X<20
	营业收入（Y）	万元	Y≥30 000	3 000≤Y<30 000	200≤Y<3 000	Y<200
仓储业*	从业人员（X）	人	X≥200	100≤X<200	20≤X<100	X<20
	营业收入（Y）	万元	Y≥30 000	1 000≤Y<30 000	100≤Y<1 000	Y<100
邮政业	从业人员（X）	人	X≥1 000	300≤X<1 000	20≤X<300	X<20
	营业收入（Y）	万元	Y≥30 000	2 000≤Y<30 000	100≤Y<2 000	Y<100
住宿业	从业人员（X）	人	X≥300	100≤X<300	10≤X<100	X<10
	营业收入（Y）	万元	Y≥10 000	2 000≤Y<10 000	100≤Y<2 000	Y<100
餐饮业	从业人员（X）	人	X≥300	100≤X<300	10≤X<100	X<10
	营业收入（Y）	万元	Y≥10 000	2 000≤Y<10 000	100≤Y<2 000	Y<100
信息传输业*	从业人员（X）	人	X≥2 000	100≤X<2 000	10≤X<100	X<10
	营业收入（Y）	万元	Y≥100 000	1 000≤Y<100 000	100≤Y<1 000	Y<100

续表

行业名称	指标名称	计量单位	大型	中型	小型	微型
软件和信息技术服务业	从业人员（X）	人	X≥300	100≤X<300	10≤X<100	X<10
	营业收入（Y）	万元	Y≥10 000	1 000≤Y<10 000	50≤Y<1 000	Y<50
房地产开发经营	营业收入（Y）	万元	Y≥200 000	1 000≤Y<200 000	100≤Y<1 000	Y<100
	资产总额（Z）	万元	Z≥10 000	5 000≤Z<10 000	2 000≤Z<5 000	Z<2 000
物业管理	从业人员（X）	人	X≥1 000	300≤X<1 000	100≤X<300	X<100
	营业收入（Y）	万元	Y≥5 000	1 000≤Y<5 000	500≤Y<1 000	Y<500
租赁和商务服务业	从业人员（X）	人	X≥300	100≤X<300	10≤X<100	X<10
	资产总额（Z）	万元	Z≥120 000	8 000≤Z<120 000	100≤Z<8 000	Z<100
其他未列明行业*	从业人员（X）	人	X≥300	100≤X<300	10≤X<100	X<10

说明：

1. 大型、中型和小型企业须同时满足所列指标的下限，否则下划一档；微型企业只需满足所列指标中的一项即可。

2. 表中各行业的范围以《国民经济行业分类》（GB/T4754—2017）为准。带"＊"的项为行业组合类别，其中，工业包括采矿业，制造业，电力、热力、燃气及水生产和供应业；交通运输业包括道路运输业，水上运输业，航空运输业，管道运输业，多式联运和运输代理业、装卸搬运，不包括铁路运输业；仓储业包括通用仓储，低温仓储，危险品仓储，谷物、棉花等农产品仓储，中药材仓储和其他仓储业；信息传输业包括电信、广播电视和卫星传输服务，互联网和相关服务；其他未列明行业包括科学研究和技术服务业，水利、环境和公共设施管理业，居民服务、修理和其他服务业，社会工作，文化、体育和娱乐业，以及房地产中介服务，其他房地产业等，不包括自有房地产经营活动。

3. 企业划分指标以现行统计制度为准。（1）从业人员，是指期末从业人员数，没有期末从业人员数的，采用全年平均人员数代替。（2）营业收入：工业、建筑业、限额以上批发和零售业、限额以上住宿和餐饮业以及其他设置主营业务收入指标的行业，采用主营业务收入；限额以下批发与零售业企业采用商品销售额代替；限额以下住宿与餐饮业企业采用营业额代替；农、林、牧、渔业企业采用营业总收入代替；其他未设置主营业务收入的行业，采用营业收入指标。（3）资产总额，采用资产总计代替。

附录 B 台州市金融服务信用信息共享平台

一、信息平台简介

台州市金融服务信用信息共享平台（以下简称平台）是台州市建设全国"小微金改"创新试验区的重大项目，以台州市政府领导为组长，以中国人民银行台州市中心支行、台州市机构编制委员会办公室、台州市发展和改革委员会、台州市经济和信息化委员会、台州市工商局、台州市财政局、台州市国税局等 20 多个部门为成员的工作领导小组，着力打造完善的数据共享平台。平台于 2014 年 7 月 29 日正式上线运行，基于数据共享，旨在为小微企业提供更优质的金融服务，破解其"融资难、融资贵"的问题。平台定位为非营利性机构，具有理念先进、定位准确、功能强大、持续性强、准确性高等特点，下设多个不同模块供银行、台州市小微企业信用保证基金、小额贷款公司等金融机构免费查询。其发展历程目前共有三个阶段。

（一）平台定位

小微企业融资难主要在于信息不对称问题，小微企业先天不足，没有足够的抵押物，没有规范可信的会计账目、缺少信用记录，因此加大了小微企业与金融服务机构对接的难度。而要解决小微企业信息不对称问题，必须搭建一个充分共享的平台，实现信用信息数据共享。平台的建立在破解信息不对称难题、降低银行获客成本、提升小微金融服务效率、引导企业珍爱信用、防范金融风险等方面起到了关键的作用，是"小微金改"的重要一步。

(二)平台特点

1. 理念先进。台州市政府于2014年设立中国首个完备的金融信息共享平台,以"数据共享"为基础,加强顶层设计,打破信息孤岛,构建了一个全国领先的、可持续、能力强、大数据应用先进的平台。

2. 定位准确。平台基于金融机构实际需求,以管用、有用、有效为出发点与立足点,研发平台系统构建,征集海量信息。

3. 功能强大。平台通过对数据信息进行整合、关联、再加工与再利用,研发了强大的功能体系,切实保证信用信息发挥最大价值,有力提升用户体验感,避免因信息储存、陈列散乱而造成用户体验差、平台应用不理想、信息价值得不到有效发挥等问题。平台免费的一站式查询更是切实降低了信贷获客成本。

4. 持续性强。平台自成立以来有强有力的党政力量支持、一整套制度机制的创新与完善以及人力、物力、财力的保障;建立了考核、通报、督查及评价机制,加强了各部门沟通协调。从各种渠道收集企业相关信息(包括负面信息),使信息更加齐全,更有利于提高贷后管理效率,促使信息采集、更新、共享渠道更加畅通。

5. 准确性高。平台利用安置"前置机"的方式获取数据信息,并且通过建立"三关联"机制,平台数据的准确性得到大大提升。

(三)发展历程

平台的发展历程可以分为三个阶段:一期建立并完善"一平台、四系统、三关联"的主体构架;二期增设信用评分、诊断预警等功能,对企业经营水平与风险状况实施动态评价、跟踪预警;三期落实信息采集机制,着重点在融资对接(见图B-1)。同时平台也在实际运作中,不断地完善自身功能,为能提供更好的服务而努力。

1. 平台1.0。2014年7月29日,平台正式启动上线,以"一平台、四系统、三关联"为主体构架体系,包含"基本信息系统、综合服务系统、评价

附录B 台州市金融服务信用信息共享平台

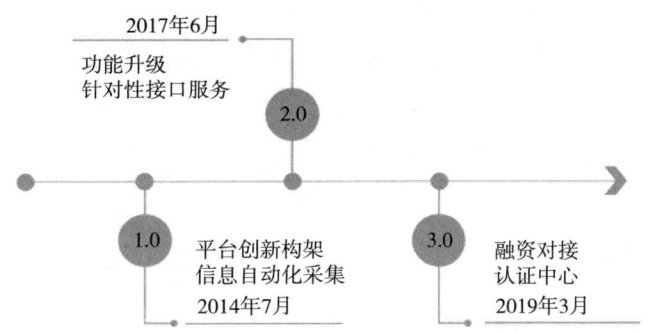

图B-1 平台发展历程时间轴

与培育系统、风险预警与诊断系统"四个子系统,实现"投资、融资、法人代表与企业"三关联,具备信用立方、正负面清单、不良企业名录库、自动评分、培育与风险预警等多种功能,征集整合了金融、法院、公安、地税、社保、国土、环保、建设、食品药品监督、国税、工商、质监、电力等部门的1600万条信用信息,并通过技术手段实现信息自动化与可持续采集,确保信息采集更新的及时性、准确性、完整性,形成了在理念设计、功能构建、技术应用、可持续能力,以及大数据整合上都具备全国领先水平的平台。

2. 平台2.0。2017年6月20日,平台在二期升级中完善了功能,增设了信用评分、诊断预警等功能,对企业经营水平与风险状况实施动态评价、跟踪预警。平台数据归集从初期的12个部门扩大到15个部门,数据项由78大类600多细项扩大到81大类1100多细项,包括用电量、用水量、纳税额、进出口额等体现企业经营状况的重要指标,信息量达7758万条,覆盖57万家市场主体。同时平台二期功能升级,使服务更有深度及效率、推送更加及时、定制接口服务更具有针对性。各部门通力合作落实信息采集机制,完善平台功能建设,让平台在破解信息不对称、支持小微企业融资方面发挥更大作用。

3. 平台3.0。经过一年准备周期,平台三期于2019年3月27日启动上线,目前已试运行稳定。平台三期主要包括四大系统:一是数据支撑系统,目前平台的数据已和台州大数据中心连接,已通过接口的形式向市大数据中心申请了 23 个数据接口；二是银企智能匹配系统，通过大数据分析，及时掌握小微企业的发展动态，并定期向银行推送有增长潜力的优质企业；三是银企融资对接系统，小微企业可以查询、搜索、浏览、咨询适合自身需求的金融产品及服务；四是统一认证中心系统，根据数据安全管理要求为后续业务开发奠定安全基础，建设统一认证中心系统，为下一步线上授权等工作做铺垫。系统通过不断的修改和完善，各功能点已满足用户要求。运行期间系统各项功能正常，运行稳定。

截至 2019 年末，平台 3.0 累计归集信息总量为 3.2 亿条，已有 44 家金融机构入驻平台；银行发布产品 210 个，申请融资的企业数为 979 个，其中已获得企业融资数为 816 个，企业融资需求总量为 87.76 亿元，实际融资发放金额为 29.42 亿元。

在未来，平台还将进一步拓展功能，更好地服务台州"小微金改"。具体包括加强部门数据整合，在对接市大数据中心的基础上对接市公共信用平台；强化平台应用功能，完善大数据分析功能、优化大数据风险预警功能；开发手机移动服务端，满足客户经理随时随地查询信用信息；平台迁移台州"政务云"，银行专线对接政务网。

二、信息管理流程

信息管理流程共包括采集、使用以及监管三个环节，如图 B-2 所示。首先，在采集环节，平台通过前置机自动采集、人工采集双轮驱动，汇集县市级政府各部门相关信息。其次，平台通过建立统一规范的数据格式的形式对数据做分类归集和呈现，并定期更新。最后，各政府部门与银行等金融机构可通过平台一键查询所需信息，降低信息获取成本。同时为保证数据安全性，平台采用双网布控与监管机制进行维护，贯穿全过程。

（一）采集环节——构筑双网布控体系

1. 定位明确，服务实际金融改革。在数据采集阶段，准确的定位和清晰

附录 B 台州市金融服务信用信息共享平台

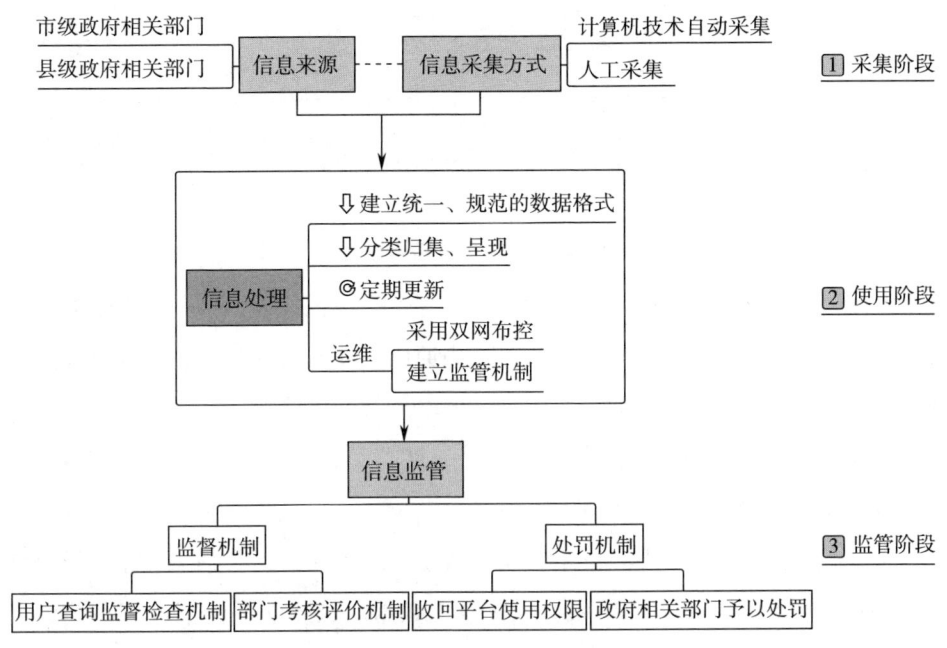

图 B-2 信息管理流程

的建设目标，是平台成功建设的关键。平台定位于金融服务改革，从金融机构的实际需求出发，以管用、实用、有效为出发点与立足点，确定信息采集重点与设计系统框架、功能，并以此为切入点，逐步拓展信息采集范围，实现数据共享。

2. 前置交换，打通物理交换媒介。目前，由于信息采集技术的发展，加之平台相关的信息采集部门众多，在政务外网与银行金融局域内网的双网布控体系中，人民银行台州市中心支行主要采用"前置交换"的方式采集信息，如图 B-3 所示。

这种方式就是以前置机作为物理交换媒介，建立 FTP 文件传输协议，使平台和信息被采集部门双方连通，把系统数据自动导入或手动导入这两台服务器的数据库中，双方通过这个中间的数据库进行数据交换，前置机负责将需要的数据缓存到对应服务器中。此方法大大提高了数据采集的效率，节省了时间成本和人力成本。

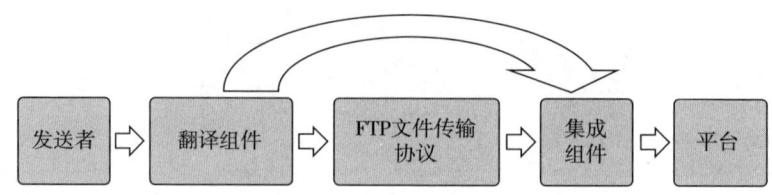

图 B-3 前置机运行流程

3. 采集多样，涵盖众多部门数据。该平台以汇聚市县两级政府相关部门数据为目标，以"管用、实用、有效"为原则。截至2019年末，平台收集了市场监管、国税、地税、法院等30个部门共128大类的数据，覆盖了65万家市场主体的3.2亿条信用信息，包括用电量、用水量、纳税额、进出口额等体现企业经营状况的重要指标。

4. 采集维护，多方协同技术支持。在数据采集前，人民银行与各部门统一字段格式，以Excel格式导入，统一收集数据。虽然前置机精准高效，但当前置机数据格式不规范时，则将加入人工干预，重新规范格式。由于数据更新的速度较快，或者系统内部调整，数据表的物理结构也会发生变化，得到的数据也会产生变化。这时，就需要平台重新调整数据格式，及时更新数据。平台得到多家硬件、软件开发商的技术支持，但对于日常简单问题，都由人民银行自行处理，不能处理的故障则找开发商处理。

5. 双网布控，建立安全防火墙。平台采用"政务外网""金融局域网"双网布控、双网服务的模式，实现了物理隔离。政务外网作为我国电子政务重要的公共基础设施，是服务于市场监管和公共服务等方面的政务公用网络。其支持跨地区、跨部门的业务应用、信息共享和业务协同，为数据采集提供强有力的支持。

金融局域网中的数据库与政务外网数据库或处理中心相连接，构成一个较大范围的信息处理系统，实现文件管理、数据共享。各部门通过政务外网向平台提供数据，平台再通过金融局域网为金融机构提供查询服务，这种模式不仅实现了政府各部门与平台之间信息交换的自动化和可持续，而且确保了海量数据的安全运行。

（二）使用环节——规范数据运行标准

1. 规范格式，统一数据运行标准。在金融信用信息服务领域，要实现数据共享，为小微企业融资提供广泛、准确的信息，首先应建立一套统一的数据交换模式，规范数据格式，使用户尽可能采用规定的数据标准。通过建立统一的数据运行标准，既便利了使用者进行信息查询，也有利于平台进行后台管理，迅速归集数据，统一字段格式，加速信息联动。

2. 关联建立，全面高效信息匹配。"信用立方"是平台一大特色功能，它能通过一个企业或法人信息关联出一系列企业或法人信息。平台通过关键字段名进行匹配，将多个关键字进行串联，寻找两个主体的共用信息，从而迅速完成信息匹配，支撑起强大的信用信息记录库，为平台用户提供全面的信息。

3. 部门联动，稳固平台数据使用。除统一数据运行格式外，平台还制定出相应的数据保护、产权保护规定，各部门间签订数据使用协议，打破部门间的信息保护，做到真正的信息共享。为确保平台归集的数据安全，最大限度地避免信息泄露风险，平台创新改变传统的互联网查询模式，采用双网服务的模式，建立数据安全防火墙，实现了物理隔离。

为满足海量数据归集的需要，平台制定出专项管理办法，确保操作规范。在用户管理上，要求遵循"谁创建、谁管理"的原则，明确各级管理员权限、管理员调整备案、密码管理等事项。在信息查询上，要求金融机构在进行除贷后管理之外的其他操作时，应当事先取得信息主体的书面授权，建立查询登记台账，至少保存近 3 年的登记记录。在安全管理上，明确金融服务信用信息中心对金融机构所有查询进行记录。

（三）监管环节——导入顶层设计体系

1. 建立机制，统筹部门考核评价。为有效统筹平台建设，台州市政府建立了强有力的考核、通报、督查及评价机制，确保数据归集无障碍，同时还将平台工作纳为对各部门"法治政府"建设的重要考核内容，定期梳理各部门信息共享情况，将工作配合不力的部门以市政府督办的形式进行督查，加强约束。

2. 事后监管，重视防范违规操作。平台建立查询使用监督检查机制，通过各金融机构向中心报备的用户情况与后台留下的查询记录和痕迹，定期对金融机构的用户开设、安全管理、查询使用情况进行检查，对于严重违反平台管理规定、违规查询平台信息的金融机构采取禁止其使用平台查询权限的处罚。

小微企业的快速发展使平台日益成为小微金融信用体系建设的要穴。但是，国内金融信用信息体系的短板日益凸显，征信市场需要实现立体化、全息化，从而对人民银行征信体系形成有效补充。平台通过大数据、征信服务化、信用信息共享三大主线（见图 B-4）创新自身征信体系，为完善征信市场探索了可行之路。

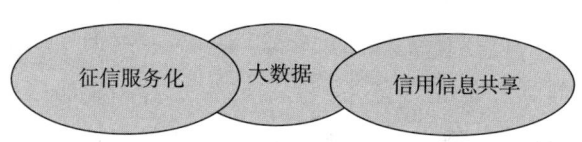

图 B-4　平台三大主线

三、数据共享模式

平台作为试验区建设的重点项目与重要一环，在台州市政府与人民银行高度重视下全力推进，建立了以"一平台、双网络、三关联、四系统、五机制"为结构的创新框架（见图 B-5）。其中"三关联""四系统""五机制"较为重要，尤其是"评级与培育系统""风险预警与诊断系统"以及"不良名录库功能"在很大程度上解决了银行授信问题，帮助更多优质的小微企业解决"融资难、融资贵"问题。

附录 B　台州市金融服务信用信息共享平台

图 B-5　数据共享模式

（一）一平台

平台以"数据共享"为基础，运用技术手段实现了对 1 100 多细项的数据归集，旨在破除信息不对称，解决小微企业融资难、效率低的问题，助力台州市"小微金改"试验区的建设，并建立了专项管理办法和事后监管制度，确保信息价值。

平台使用者可通过搜索栏对企业名称、工商注册号、法定代表人、股东信息以及经营地址等进行精确搜索或者模糊搜索，查询相关企业的全部信息，大大缩减了查询时间，提高了工作效率。

（二）双网络

1. 政府外网。平台采用了"政务外网""金融局域网"双网布控、双网服务的模式，实现了信息物理隔离。其中，政务外网作为我国电子政务重要公共基础设施，是服务于市场监管和公共服务等方面的政务公用网络，支持跨地区、跨部门的业务应用、信息共享和业务协同，为数据采集提供强有力

图 B-6 台州市金融服务信用信息共享平台

的支持,将平台布控在电子政务外网上,与政府相关部门业务网进行桥接,通过电子政务外网为政府部门提供服务。

2. 金融局域网。金融局域网中的数据库与政务外网数据库或处理中心相连接,构成一个较大范围的信息处理系统,实现文件管理与数据共享。各部门通过政务外网向平台提供数据,平台再通过金融局域网为金融机构提供查询服务。这种模式不仅满足了金融机构多用户并发查询服务与其他信息服务的需求,而且确保了海量数据的安全运行。

(三) 三关联

平台的"三关联"是指投资关联、融资关联、企业与企业法定代表人关联。投资关联是指企业与企业,企业与股东,股东与股东之间的关联。融资关联是指银行与企业,担保与被担保,集团内部之间的关联。企业与企业法定代表人关联是指根据台州小微企业法人家庭财产与企业无法分割、法人常常以个人名义的贷款投入到企业运行中的特点,将企业与企业法人关联起来。

附录 B 台州市金融服务信用信息共享平台

(四) 四系统

1. 基本信息系统。基本信息系统是通过将企业的基本信息数据进行归集所形成的系统，包括上市企业及小微企业的基本信息、部门信息和变更信息。主要有企业登记信息（包括企业名称、法定代表人、企业类型、住所、成立日期等）、企业股东结构明细、企业股东变更信息、企业税务信息（包括地税以及国税）等基础信息。平台使用者可以通过对基本信息的查询初步掌握并判断企业的经营状况、资金使用状况等。

2. 综合信息服务系统。综合信息服务系统通过企业授权归集了关于上市企业和小微企业的综合信息、正负面信息，使金融机构"一站式"查询散落在各部门的重要信息，是对基本信息系统的补充。综合信息服务系统在基本信息系统的基础上增加采集企业授信贷款信息、用电信息、环保信息、进出口信息、国土局信息等数据，通过各种明细和趋势图更加清晰明了地向平台使用者展现企业的经营信息。并且在此系统下设置的不良名录库功能，在很大程度上避免了银行等金融机构出现坏账的情形，确保无骗贷情况的发生。不良名录库功能的设置，是系统将全部存有不良信息的企业进行归集，分地区、行业、金融机构等整体把握不良情况，出示关停、贷款不良以及进出口BC类等不良企业名称，并且可通过整个行业的不良情况来判断企业出现不良的概率。

3. 评价与培育系统。平台在评价与培育系统下设三项功能——信用报告、培育池管理、评价统计。为发挥信用信息价值的最大化，加强对信用信息进行再加工、再利用，提升信息增值能力，平台在二期创新上建立了金融、经信、上市、商务、科技、质量、市场等综合培育池。子系统导入企业第三方信用报告，并筛选出信用良好的企业进入培育池，通过创新综合的培育、扶持体系，推动小微企业做精、做专、做强和转型发展，打造一批行业小巨人。

平台利用大数据技术建立通用小微企业风险评估模型，通过按月检索出系统内金融企业的所有数据信息，以及实施动态、自动信用评价、排序等方法，将数据提供给金融机构参考。风险评估模型根据评分模型的数据区间对

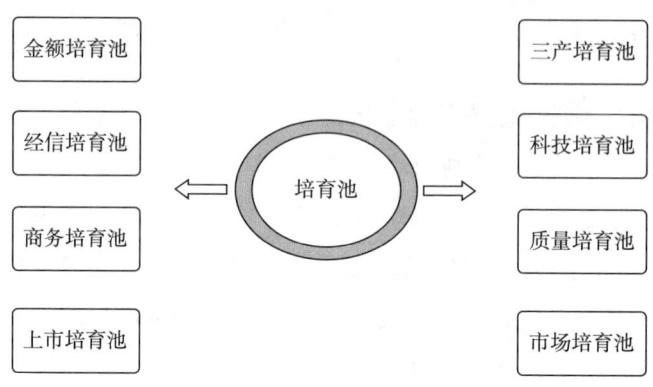

图 B-7 平台培育池功能

企业信用得分情况进行评级,共分为 10 个等级,其中信用等级最好的为一级,以此类推,十级为最差。除此之外,该评分统计功能还可在不同行业之间进行信用排名,同时也可对行业内所有企业信用评级排名进行查询,从中判断出所查询企业在全行业内的信用排名,以及该企业所属行业的信用排名情况。此项评价结果作为金融机构发放贷款的重要参考依据,为金融机构开展业务提供精准支持。

4. 风险预警与诊断系统。在风险预警与诊断系统下设立信用立方、经济分析、诊断预警三个功能键。

信用立方功能,实现了融资、投资、企业与企业法定代表人三关联,即通过银行与企业、担保与被担保、集团内部之间的融资关联,可以总体判断企业授信总量、贷款集中度、担保等风险问题;通过企业与企业、企业与股东、股东与股东之间的投资关联,可以把握企业及其关联企业、股东的整体情况;同时考虑到小微企业法定代表人家庭财产与企业无法分割,法定代表人常常以个人名义贷款投入到企业中的特点,将企业与企业法定代表人进行关联。

诊断预警功能是通过筛选违规违法信息、纳税用电等经营趋势信息、关联企业风险信息、信用评分波动性等重要监测指标,构建风险矩阵模型,动态监测企业风险状况。该预警分三个层次,若企业不良情况以及信用评价情况都达到预警标准,则为一级警备;若企业在不良情况及信用评价两方面符合一项预警标准的,则为二级警备;若企业的不良情况及信用评价都只是较差水平,则为三级警备。除对企业风险状况进行自动预警之外,系统还会将预警结果按月向金融机构自动推送触发风险预警的企业,对金融机构防范风险发挥了极大的作用。

(五) 五机制

在"一平台、双网络、三关联、四系统"的架构基础上,平台增加的五种机制进一步深化平台产生的成效,衔接小微企业的可持续发展。"五机制"分别指共享机制、增信机制、评价机制、培育机制、服务机制。共享机制是指平台的数据共享方式。各部门将完善及时的信息共享给平台,平台运用先进的自动化采集技术收集海量信息,再经过筛选归集,细致地将信息共享给社会各企业及金融机构。增信机制是指改善企业信用水平,进一步打造优良的信用金融环境。评价机制即通过完善的信息对企业信用、内部法人信息等因素做出等级评价,定期报送给信保基金、银行等金融机构,帮助小微企业获得更多融资机会。培育机制即对信用优良企业的进一步孵化和培育。服务机制即对小微企业的融资帮助服务、金融机构的信息查询服务、信用环境的优化服务,使得从小微企业到整个社会信用环境都形成良性发展,激活信息链。

四、模式比较分析

(一) 与欧美模式比较

关于数据共享,起源较早的欧美主要有市场主导和政府主导两种模式,台州结合自身实际,在汲取前人经验的基础上开创了"台州模式"。表 B-1 从主导类型、目的、服务对象、风险监管、评价体系以及培育机制六个方面对两种模式进行比较。

表 B-1　台州模式与欧美模式比较

类别	欧美模式	台州模式
主导类型	美国为自下而上的市场主导,欧洲国家为自上而下的政府主导	自上而下的政府主导,积极应对需求
目的	消费者权益最大化	破解信息不对称
服务对象	个人、小微企业以及银行等第三方服务商	小微企业、信保基金以及银行等金融机构
风险监管	美国是技术驱动型金融科技发展的限制性监管;欧洲国家由于缺乏市场与技术,适合主动型监管	双网布控方式、不良名录库、风险预警与诊断系统
评价体系	无	星级评定系统
培育机制	无	培育池系统

(二) 与台湾模式比较

从20世纪70年代开始,我国台湾地区已构建起以商业银行为主体、信用支撑为基础的全方位的小微企业金融支持体系,是我国较早出现数据共享模式的地区。台湾地区采取了以政府为主导的自上而下的数据共享模式。台北市政府为推行政府开放数据政策,以便利人民共享政府数据,整合台北市政府各机关的开放数据,将数据查询及使用说明集中于单一入口网站——台北市政府开放数据平台。表B-2为台湾模式与台州模式的比较。

表 B-2　台州模式与台湾模式比较

类别	台湾模式	台州模式
主导类型	自上而下的政府主导	自上而下的政府主导,积极应对市场需求
目的	提供其他机关或公众作增值再利用	破解信息不对称
服务对象	社会公众、小微企业以及银行等第三方服务商	小微企业、信保基金以及银行等金融机构

续表

类别	台湾模式	台州模式
风险监管	政府主导,以商业银行为主体、信用支撑为基础的全方位的金融支持体系,整合各市级机关开放数据	双网布控方式、不良名录库、风险预警与诊断系统
评价体系	无	星级评定系统
培育机制	无	培育池系统

(三) 小结

通过与国内外部分地区的数据共享模式进行比较,可以看出"台州模式"优势显著。"台州模式"受众更为具体,可针对性地为金融机构及小微企业提供金融信息服务。在风险监管方面,"台州模式"所采取的风险预警与诊断系统构建了风险矩阵模型,实时监控企业风险状况,及时预警,有效防范融资过程中的金融风险。此外,其评价体系与培育机制,更是开创了先河,延伸小微企业融资帮扶链,形成良性循环,为"小微金改"作出了极大贡献。

五、助力"小微金改"

在政府的有力主导下,平台在助力"小微金改"方面取得很大成效。一方面,平台的各项功能成功串联政府、企业和银行三方,使其信息联动紧密,共荣发展,从而帮助许多优质的小微企业成功融资。另一方面,平台扶植许多小微企业蓬勃发展、欣欣向荣,为政府区域政策模拟、打造"信用台州"提供有力支持,稳步推进台州"小微金改"试验区的筑建,形成富有台州特色的"小微企业文化",着力提供更优质的地方金融服务,也为其他地区搭建此类平台提供行业范本。

（一）微观成效

在微观层面，平台既是金融机构查询企业信用信息的有效渠道，又是其接收企业信贷产品需求的媒介，通过数据共享解决了金融机构与小微企业之间由于信息不对称问题所导致的融资难、风险高等问题，提高了信息价值。平台也是企业申请融资产品的重要途径，并利用创新综合培育体系扶持初创企业，提升其申请资质，降低企业融资成本。通过为金融服务机构与企业提供沟通渠道、服务购买、资源聚集等方式，平台创新金融服务模式，改善小微企业的融资环境，从而提高小微企业融资能力，帮助其作出融资选择，使融资结构趋于合理。

1. 信贷服务。银行是经营货币的企业，它的存在方便了社会资金的筹措与融通，是金融机构里面非常重要的一员，是当前中小企业融资的重要来源，对帮助其活跃经济发展具有重要作用。

如图 B-8 所示，在政府通过职能作用规划和调整对商业银行、证券公司发展政策的基础上，平台与各大银行端合作，打通金融局域网。银行在为小微企业提供贷款前可先进入平台查询该企业的法人信息、信用评分、资产负债状况等关键信息，正负面两头抓，通过平台整合的现有综合信息报告对企业精确"画像"，有效判断其信用情况。在平台一站式查询后，银行可形成对该企业的金融风险判断，进而对信用较好的企业提供高于同档企业 3%～15% 的利率优惠。

银行无须前往企业拜访调查或是前往相关政府部门逐一调取所需信息，所有内容均可在平台直接免费查询，大大降低了银行获客成本。在向企业提供融资后，银行根据平台对该企业后续的动态跟踪记录监测企业还贷风险。以大数据分析应用为基础的"评级+辅导"的信用服务模式，能辅助银行进行风险判断，评级共分为 10 级，6 级以上企业银行需谨慎考虑为其提供贷款，8 级以上企业银行将拒绝为其提供贷款。根据平台提供的关联企业风险信息、信用评分波动性等重要监测指标及构建的风险矩阵模型，动态监测企业风险状况。银行可按月接收平台推送的触发风险预警企业，有效降低损失。

附录B 台州市金融服务信用信息共享平台

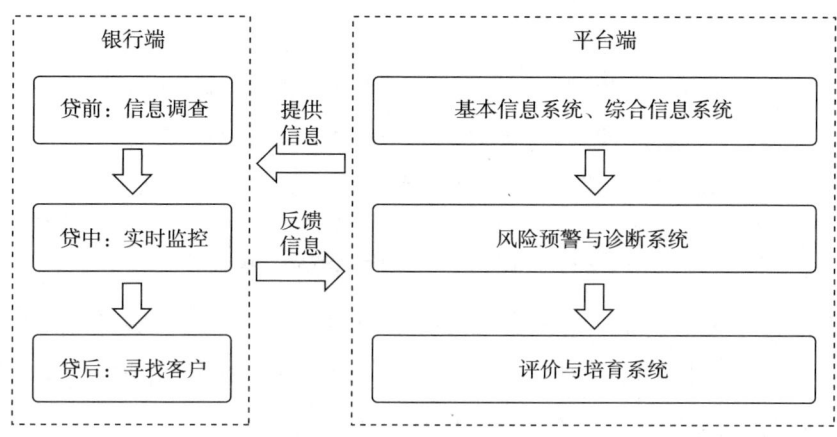

图 B-8 信贷服务运行机理

并且,银行按照企业客户在平台发布的融资申请瞄准目标客户进行抢单,优化自身融资产品,推进普惠金融商业化、数字化运作,有针对性地为后续小微企业提供优质融资服务。同时,银行定期浏览平台更新的培育池名单与星级信用评分企业,筛选优质客户源,寻找与自身产品相匹配的企业客户。

通过分析银行机构对平台的使用流程及价值链机理,可总结出以下由平台带来的信贷服务成效。

一是提供贷前调查依托。平台通过加强信息整合关联、综合信息报告,有效打通了原本孤立的信用信息源,使得银行能准确、有效地判断企业信用情况。截至2019年末,平台共开设查询用户2 480个,累计查询量898万笔次。据不完全统计,台州平均95%以上的小微企业贷款发放前使用过该平台。

二是降低银行获客成本。平台"一站式"调查,可以有效预警识别金融风险,信用较好的企业能够比同档企业获得3%~15%利率优惠,降低了银行获客成本及小微贷款价格。如图B-9所示,平台建立前,银行对小微客户的贷前调查需逐一向有关部门获取信息,平均耗时约20小时,成本约400元,获客成本高,服务效率低;平台建立后,信息免费向银行开放,成本几乎降至0,放贷时间平均缩短60%~70%。通过"一站式"查询获得客户,节省了原先通过"扫街式"拜访获得客户的成本。

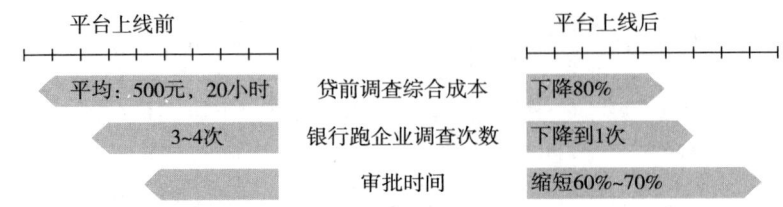

图 B-9　银行获客成本降低的具体体现

三是提升小微企业融资效率。通过平台的一站式查询，切实提升了小微企业融资效率。若不借助平台，新企业客户向金融机构从申请到放贷平均需要1~2周，借助平台后，企业获得贷款平均只需要3个工作日；老企业客户原先需要2~3个工作日，现在则是当天即可完成，在申请的时间效率上大大提升。节省的贷款成本也转化为企业贷款利率的优惠，减少明显财务资源浪费。同时，当地小微信用贷款比例逐年上升。截至2019年末，企业信用贷款占全部企业贷款18.35%，较2014年上升9.15个百分点；小微企业贷款占企业贷款45.28%，小微企业（含个人经营性贷款）占全部贷款73.04%。

2. 担保服务。台州市小微企业信用保证基金（以下简称信保基金）在信息平台数据服务的基础上，于2014年成立，由台州政府和当地数家银行共同出资设立。截至2019年末，基金规模达15亿元，是国内首个地级市政府与合作银行共同出资成立的政策性信用保证基金，也是"小微金改"下金融创新的典范之一，旨在为小微企业提供优质间接担保服务。

平台对企业实施动态的信用评分，成为信保基金开展业务的精准支持。一些初创企业没有资产抵押，找不到担保人，信用记录缺乏，遭遇"首贷难"的问题一直存在。许多财务数据不足但信用良好的小微企业可以向信保基金申请基金担保，银行协助其申请保证。而平台信息每月甚至更短时间内的及时更新使得信保基金可通过平台查询企业信用报告与不良名录库，从而查询了解拟担保对象。同时，"一站式"查询有效降低信保贷款成本，压缩拟担保对象保证审核时间，通过授信，移送保证通知汇缴保费，更快联系银行为企业进行放贷。

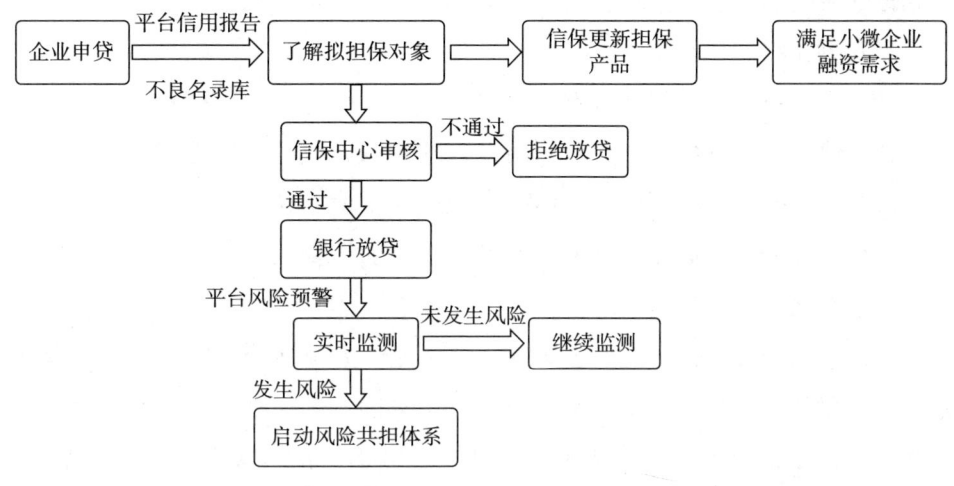

图 B-10 担保服务运行机理

通过收集小微企业归集在平台的信用信息与企业端融资申请，信保基金不断更新产品，推出专项服务产品以及时满足小微企业不断变化的融资需求。同时，信保基金在采取与银行风险共担、与省担保集团风险分担模式的基础之上，对接平台，利用培育池与预警判断系统，进一步构建完善多元化的小微企业融资风险共担体系。

平台信息对金融机构免费开放，因此信保基金可精准自身定位，将服务回归到"非营利性"准公共产品上。一方面引导合作银行加大对零信贷企业、轻资产企业的支持，帮助小微企业降低融资门槛；另一方面，通过限制合作银行贷款最高利率为小微企业有效降低融资成本，使信保基金的融资担保服务更能体现普惠性和政策性。

通过分析信保基金对平台的使用流程及价值链机理，可总结出以下由平台带来的担保服务成效。

一是降低金融机构贷款成本。据调查，台州市信保基金借助平台向小微企业及个体工商户发放的贷款年化综合成本较普通贷款低2~3个百分点，通过构建完善多元化的小微企业融资风险共担体系，将进一步分担小微企业及个体工商户贷款成本，增强小微企业融资信心，减少因贷成本引发的企业资金链断裂问题，有效防范区域性金融风险，从而促进政府、银行、企业三方实现互惠互利、合作共赢。

二是提升小微金融服务效率。台州信保基金全部借助平台查询了解拟担保对象，使更多财务数据不足但信用良好的小微企业及个体工商户获得银行贷款。截至2019年末，台州信保基金已为1 403家小微企业发放保函，累计担保授信金额21.22亿元。由于平台提高了贷前调查效率，小微企业获取贷款将更为便捷。

三是降低不良贷款率。平台通过全国领先的大数据分析应用和"评级+辅导"的信用服务模式，辅助金融机构进行风险判断，平台关联企业重要监测指标，动态监测企业风险状况，按月向金融机构推送触发风险预警企业。截至2019年末，全市银行业金融机构不良贷款率为0.82%，关注类贷款比率为0.73%，资产质量居浙江省前列，其中，小微企业不良贷款率为0.68%，信用综合指数在全国259个地级市中位居前列。

(二) 宏观成效

1. 金融环境：信用台州。平台的建立在银行、企业及政府三者之间构建了一个信息互动、交流的通道。由于平台的推广使用，信用信息查询成为台州所有银行贷前调查、贷中审批和贷后管理的必经环节，有效破解了银行与企业信息不对称问题，引导企业珍爱信用，形成了"信用好—易贷款—更重信用"的良性循环。

企业的社会信息（平台数据来源于法院、公安、地税、社保、国土、环保、工商、电力等15个部门的信用信息，见表B-3）变得公开透明，有助于政府监督职能更好地履行，从而使企业增强自身诚信建设，台州的金融环境也因此得到极大的改善。

台州现已推动3 000多家企业信用评级，授信担保19.7亿元；累计培育1 430余家规范进出口行为工作达标企业、1 140余家海关认证企业，形成了"源头防范"的台州做法，获海关总署、全国打击走私综合治理办公室的高度肯定。

附录 B 台州市金融服务信用信息共享平台

《中国城市信用状况监测评价报告2019》对2018年全国259个地级市综合信用指数进行排名，台州排名全国第42，并在2017年被列为全国创建社会信用体系示范城市。同时"信用台州"的金名片也传播得更远。

表 B-3 平台数据来源

部门	数据条数
市场监管部门	445.27 万
国税部门	3 216.33 万
地税部门	1 085.77 万
质监部门	26.71 万
水务部门	716.16 万
药监部门	9.1 万
人社部门	892.23 万
环保部门	2.70 万
法院部门	81.61 万
金融部门	328.22 万
房管部门	319.57 万
公安部门	265.97 万
电力部门	1 423.48 万
国土部门	137.41 万
海洋渔业部门	0.16 万

2. 行业参考价值。平台的成功建设吸引了多个地区的考察队前来学习经验，这与台州自身小微企业的生长特点及金融环境密切相关。台州小微企业多，融资需求大，金额相对小，市场信任度相对高，银行放贷相对宽松。而有些地区小微企业生长具有其特殊性，因此一些地区在吸收台州经验的基础上进行适合自身的平台建设。例如，绍兴上虞、义乌、宁波、杭州等地区都先后启动平台建设，已取得良好效果。

如浙江省中小企业融资和信用服务平台是省内一家集融资服务、企业展示、信用公示、机构评级等功能的平台，服务于省内中小企业（见图 B-11）。

宁波中心支行也积极开展平台建设，致力于四点目标：一是加强沟通协商，

图 B-11　浙江省中小企业融资和信用服务平台

切实保障平台数据的完整性和更新及时性;二是强化评分模型设计,确保信用评价结果的科学性和准确性。三是扩大信息覆盖的地域范围,更好地实现风险提示和预警功能;四是研究制定"宁波市普惠金融信用信息管理暂行办法"。

2018年5月10日,上虞区企业信用信息云服务平台二期启动(见图 B-12),新增移动端云服务平台"虞信宝"APP、银企在线对接平台和企业精准扶持中心。"两平台一中心"的启用扩大了平台覆盖面,助力"信用上虞"建设。

图 B-12　绍兴上虞云平台2.0启动仪式

上虞企业信用信息云服务平台现已汇总全区 2.1 万家企业的基本信息、产值税收、守法情况、资债情况、水电用量等超 3 亿条企业信用信息相关数据，数据查询量达 8.1 万多次。下一步，上虞区将以企业信用信息云服务平台为抓手，深入推进金融服务供给侧改革，促进信用信息的互通共享，强化平台与市场监管体系的有效对接，拉近政府、银行、企业之间的距离，引导银行业等金融机构提高小微企业金融产品的多样性与适用性。

3. 政府区域政策模拟。平台为全国首个"小微金融指数（台州样本）"编制提供数据支持。小微金融指数（台州样本）的指数基础数据来自平台的数据库，从近 50 万家在册企业中筛选的 34 万家小微企业的有效样本，运用大数据方法，采用全样本分析编制而来。综合利用小微金融指数，根据路径识别结果与具体变量情况，基于变量的可调控性和各个二级指数变化的主要因素，从企业成长、金融服务、信用环境模拟政府及有关部门如何作出决策以及决策的实施结果，为台州小微金融的发展发挥关键的作用。

六、启示

平台自 2014 年上线以来运行良好，在解决小微企业融资过程中的信息不对称难题上成效显著，并推动了台州社会信用体系的建设。

作为全国金融服务创新模式，平台为金融机构控制信用风险，缓解小微企业融资难问题打开了一扇窗。平台在优化信用环境的同时，也推动了商业银行的发展，积累了特色鲜明的台州经验。在提高商业银行对小微企业的融资服务方面，平台成功走出了一条"大银行"服务"小企业"的新路子。同时平台为全国提供了"可复制、可推广、可持续"的样本模式，并总结出以下启示。

（一）平台准确定位

目前，不少地区都已着手搭建信用信息服务平台，并取得了一定成效，但从总体上看，平台大多定位模糊，可持续力弱，基本停滞在平台建设的雏形阶段。有些地区平台建设贪大求全,建成了政府文件发布平台或仅为政府内部管理使用,没有基于金融机构的实际需求来确定信息采集范围、研发平台等。因此,平台应明确定位服务于小微企业融资难问题,并进一步以此完善信息采集范围,加强相应技术手段以及系统研发,才能使平台持久续航,发挥最大效能。

(二)部门联动配合

建立平台,需要涉及金融、法院、公安、地税、社保、国土、环保、建设、食品药品监督、国税、工商、质监、电力等部门的数据支持,以使数据信息的使用者能多方面地获取相关企业信息,满足其分析、管理、决策的需要。而在保障数据信息全面性的前提下,还必须保证数据信息的及时性与准确性,这就需要数据提供者对日常信息进行及时维护,同时根据数据信息的适用要求不断完善信息录入的内容,满足数据采集原则,保证数据的可使用价值。因此,建立、维护平台,改善金融信用环境,需要多部门的配合与支持。

(三)政府持续参与建设

任何环境的建立与保护都离不开监护者与管理者的参与,作为区域金融服务改革的监护者与管理者,地方政府有这种责任,同时地方政府也是最具这种特质性功能的参与者和建设者。由于小微金融市场所具有的风险性与不可控性,需要具备较强协调能力,以及具有强制效能的角色来把控环境建设的实施,保障相应工作的顺利落实。并且,政府支撑力应当持续注入,使得信息平台的运营保持生机与活力。

在地方政府的积极倡导下,将产生一种"鲶鱼效应"①,使政府在其中起

---

① "鲶鱼效应"是采取一种手段或措施,刺激一些企业活跃起来投入市场中积极参与竞争,从而激活市场中的同行业企业。

到激活融资双方的作用,达到区域金融市场良性运行,形成资金"洼地效应"[①],促成企业、银行、政府共赢的社会效果。

(四) 打造政银企多赢格局

通过平台的建立,企业因自律增强,更加注重自身信用,信用意识获得提升,从而增强银行的信任度,获得银行资金的鼎力支持,为企业带来更强的经营活力与经济效益;银行因金融生态环境的改善,经营风险大大降低,抗风险能力不断增强,为信贷主营业务带来可持续的盈利增长,使机构各项经营指标得到良好实现;政府因金融业的良好发展,带来当地经济的稳步发展,GDP增长速度、财政收入以及城乡居民收入均将高于金融业发展滞后地区,形成企业、银行、政府多赢的局面。

[①] "洼地效应"就是利用比较优势,创造理想的经济和社会人文环境,使之对各类生产要素具有更强的吸引力,从而形成独特竞争优势,吸引外来资源向本地区汇聚、流动,弥补本地资源结构上的缺陷,促进本地区经济和社会的快速发展。

附录 C　台州信保中心

一、台州信保中心案例介绍

台州市作为国家级"小微金改"试验区,为解决小微企业"担保难、担保累"问题,2014 年 11 月 24 日,在台州市政府的主导下,借鉴"台湾模式"设立了台州市小微企业信用保证基金,并成立了台州市小微企业信用保证基金运行中心(以下简称台州信保中心)。

(一) 成立背景

台州的小微企业占据市场主体,然而它们普遍面临融资难、融资贵、担保难等问题。为了解决困境,更好地推动普惠金融发展,台州市政府走上了金融改革之路,以"台湾信保基金"为参考,设立了台州信保基金。

1. 台州小微企业融资困境。长期以来,台州小微企业存在融资难、融资贵的问题。小微企业的会计制度不规范、经营透明度低等因素导致银企信息不对称,使银行出现"借贷"现象,从而导致企业难以从正规金融机构获得融资。此外,虽然有民间担保机构,但小微企业通常无力承担昂贵的担保费用。[①]

盲目担保、抱团联保致使小微企业存在担保难问题。由于小微企业普遍缺乏可用于贷款的抵押资产,因此互保联保成为台州较为普遍的借贷担保方

[①] 何德旭,张雪兰. 信用保证基金模式的设计与思考——浙江省台州市小微企业信用保证基金的经验与启示 [J]. 商业经济与管理, 2015 (12): 45–51.

式。但近年来民间借贷纠纷频发,小微企业不愿加入到高风险的担保链中,因此不愿找人担保。另外,担保人多出于主观情面提供担保,但往往对借款企业的借款用途和经营现状缺乏足够的了解,一旦借款人无力偿还债务,担保人将承担相应的责任,因此小微企业不愿意替人担保。

2. "小微金改"试验区。台州在"小微金改"的创新之路上已实践多年。2011 年,台州市政府形成了把台州创建为全国"小微金改"试验区的初步设想;2012 年,台州市政府组织力量开展了深入的专题研究,形成"小微金改"创新的总体思路、框架和方案;2012 年 12 月,台州市获批浙江省"小微金改"创新试验区;2013 年 10 月,浙江省政府向国务院上报台州创建全国"小微金改"试验区的总体方案;2015 年,国务院同意台州建设国家"小微金改"创新试验区(见图 C-1)。台州信保基金的设立正是台州"小微金改"在实践探索中的一大亮点。

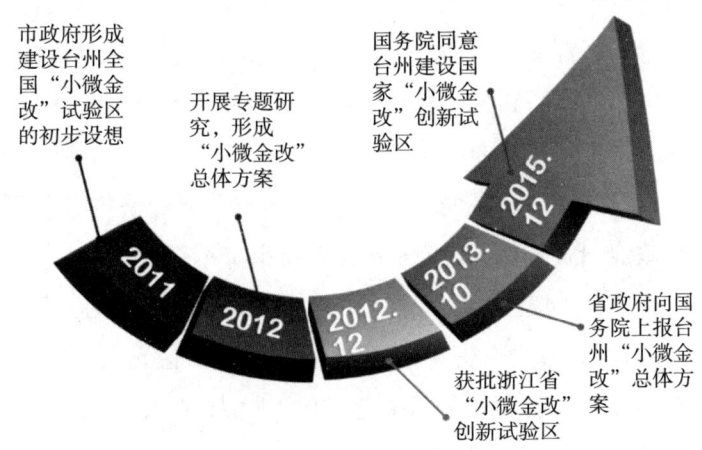

图 C-1　浙江省台州市"小微金改"试验区进程

3. "台湾模式"的借鉴。台湾地区的中小企业是台湾经济的主力军,为台湾地区经济的发展作出了重要的贡献,其发展同样受到担保难、融资难的限制。为了改善中小企业的融资环境,台湾行政当局于 1974 年设立了中小企业信用保证基金,以扶持担保不足但有发展潜力的中小企业。至今,台湾地区中小企业信保基金已取得了显著的绩效,一再获得国际好评。

台州市与台湾地区具有高度相似的经济结构与环境，为了解决小微企业担保难的困境，台州市政府以海峡两岸小微金融发展论坛为契机与台湾地区展开交流，充分借鉴"台湾信保基金"的成功经验，成立了台州信保中心。台州信保中心效仿"台湾模式"，坚持政府的主导地位，采用市场化的运作方式，与银行密切合作并分担风险，收取较低的保费以保证内部基金的长效运作，加大政府支持力度拓展资金来源。

（二）基本情况

1. 成立之初。经过多方努力，2014年11月24日台州信保中心正式成立，它开创了我国地级市政府与合作银行共同出资成立政策性信用保证基金的先河。

台州信保中心的服务对象为优质成长型小微企业，采用间接担保的方式运行，风险由台州信保基金与合作银行共同承担。初始合作银行共有7家，分别为台州银行、浙江泰隆商业银行、浙江民泰商业银行、椒江农村合作银行、黄岩农村合作银行、路桥农村合作银行以及浙商银行台州分行。

2. 资金来源。信保基金初始规模为5亿元，由政府出资和金融机构、其他组织捐资组成，其中市、区两级（包括台州湾循环经济产业集聚区和台州经济开发区）政府出资4亿元，7家合作银行捐资1亿元。

第二期信保基金规模预计将从初创的5亿元增至15亿元，其中包括政府出资12亿元（浙江省政府出资5亿元）、银行捐资3亿元。

3. 组织架构。台州信保中心成立之初的人员为11人，现已发展为72人。台州信保中心设立理事会，实行理事会领导下的总经理负责制，理事会负责制定基金的战略规划、经营目标、重大方针和管理原则等，并设有审核委员会。台州信保中心实施法人治理和企业化管理。台州市人民政府金融工作办公室负责其日常管理（见图C-2）。

（三）核心内容

台州信保中心以间接担保的方式展开日常业务，并结合相关政策以及行

附录C 台州信保中心

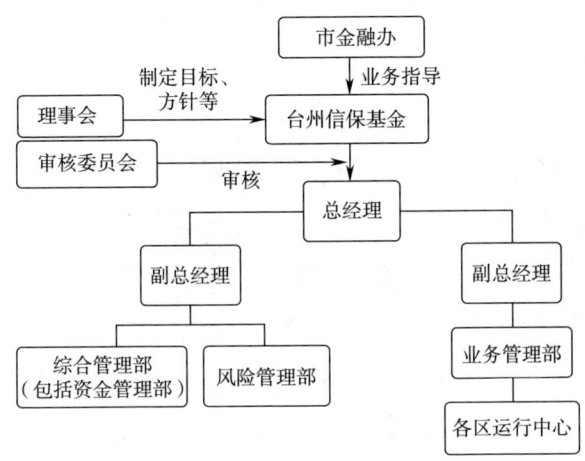

图C-2 台州市信保基金运行中心组织架构

业需求,推出了专项服务产品。

1. 间接担保。台州信保中心采取间接保证的方式,即由银行协助借款人向台州信保中心申请基金担保,台州信保中心审核同意后,银行发放贷款。一旦担保贷款出现风险,台州信保中心和银行将按4:1的比例承担损失(见图C-3)。

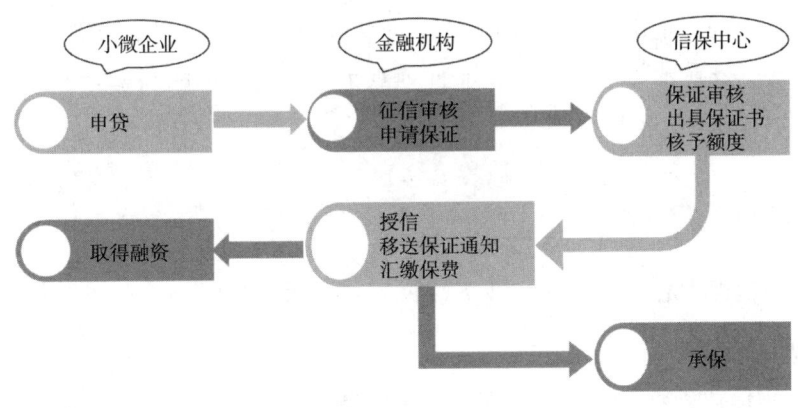

图C-3 间接保证流程图[①]

---

① 资料来源:台州小微企业信用保证基金官方网站,http://www.tzxbjj.com/articlelist2.aspx?pid=230。

2. 专项产品。台州信保中心除了常规的担保业务外,还推行了专项服务产品。

特定群体专项产品。台州信保中心根据台州市政府对高层次人才的"500精英计划"扶持政策,推出了"500精英计划"专项产品;根据政府对创业人群的"创业担保贷款"政策,推出"创业担保贷款"专项产品,让涉农创业人群和大学生创业人群等享受"零费率"政策。2016年11月3日推出以来,累计担保授信金额2.14亿元,在浙江省内排名领先。

特定政策专项产品。针对"三农"群体研发出"农户担保贷款"产品。自2018年6月推出以来至2019年12月末,累计承保27.27亿元,服务农户7 727人,户均在保30.81万元。更是计划到年底在保余额达20亿元,户数达6 500户,其普惠服务"三农"群体效果显著。

特定企业专项产品。台州信保中心结合市金融办扶持企业培育上市的相关政策,推出了"省股交中心台州小微板"专项产品,还对接市场监管局推出了"守合同重信用"企业专项产品;对接市金融办推出"上市企业"专项产品。

特定行业专项产品。台州信保中心定制了模具行业专项产品,水泵行业专项产品也即将推出,其他县市支柱产业专项产品将陆续着手调研。

特殊业务服务产品。针对企业抵押品不能全额抵押的问题,合作银行推出不动产余值担保产品,使企业不动产抵押业务能按评估价足额获得融资。

(四)业务发展

台州信保中心成立至今,业务规模不断扩大,同时还展开了合作银行和区域的扩容活动。

1. 担保业务发展迅猛。自成立以来至截至2019年12月末,台州信保中心累计担保授信33 245笔,承保金额332.95亿元,服务企业19 011家,在保余额97.94亿元。台州信保中心的业务翻倍增长。台州信保中心在台州市担保中对小微企业担保金额比率占57.18%,户数占25.24%(见表C-1)。

表 C-1　在保余额变化

年份	在保余额（亿元）	年增长率（%）
2015 年末	11.44	—
2016 年末	26.82	134.44
2017 年末	52.84	97.02
2018 年末	75.96	43.75
2019 年末	97.94	28.94

同时，信保基金作为金融工具，实现了担保放大的杠杆作用。当前国内担保行业的平均担保放大倍数为 2.2 倍，国外成熟的信保机构担保放大倍率一般是 10 倍，在日本可实现 60 倍[1]，台州信保基金实现了首期注册资金的 10 倍放大。

2. 合作银行快捷建立。按照台州信保中心现有运行规则，合作银行有两种模式：一是捐资合作，即银行捐资给信保基金，并形成业务合作；二是非捐资银行，即银行仅与台州信保中心进行业务合作。

在台州信保中心成立初期，共有 7 家捐资银行。2016 年，台州信保中心提出大力引导更多的银行参与信保合作，将可参与银行从捐资银行拓展到非捐资银行，台州信保中心将合作银行从原来的 7 家地方性银行扩展为其他所有银行业金融机构。截至 2016 年底，台州信保中心已与 18 家银行达成合作意向。2017 年 12 月，随着交通银行台州分行与台州信保中心签订合作协议，台州信保中心的合作银行数量达到 24 家。2018 年，新增 2 家捐资银行。截至 2019 年 8 月底，新增 1 家合作银行。至此，台州信保中心的合作银行共有 27 家，其中捐资银行达到 16 家，实现了台州农信系统全覆盖（见图 C-4）。

3. 服务区域全市覆盖。2014 年，台州信保中心的服务范围为椒江、黄岩、路桥三区。2016 年，台州信保中心的覆盖面扩大到温岭、临海和玉环等区域，并且分别设立了信保基金分中心。

---

[1] 王旭红. 中小企业信用担保机构制度的设计原理及理论再研究 [J]. 湖南财经高等专科学校学报，2006（02）：63-65.

图 C-4　合作银行发展时间轴

2017年，三门分中心正式授牌。年底，台州信保中心打通"最后一个区域"，在天台设立分中心。至此，台州信保中心实现了台州市域全覆盖。

二、台州信保中心运作机理

台州市信保基金运行中心作为政策性担保平台，在其运营体系、业务模式和风险控制等方面有别于融资性担保公司。基于市场化的运作理念，台州信保中心与其他各主体之间的运营关系、具体业务模式及流程、对风险的防范与控制共同构成了其独特的运作机理。

（一）运营体系

目前，台州信保中心已具备较为完善的体系，政府为信保基金注资，合作银行为其寻找客户（小微企业），并在取得授信后发放贷款，省担保集团与信保基金实行再担保和担保代偿机制，小微企业获得贷款后具有间接增加税收、促进就业、促进经济发展的作用（见图 C-5）。

1. 政府主导。台州市政府主导台州信保基金的成立。台州市政府积极推动建设信用担保体系，主导成立了台州信保基金，市政府、区政府共同为其注资。这不仅体现了政府为企业提供增信服务的准公共产品的服务，也代表政府对企业的一种帮助与举措。

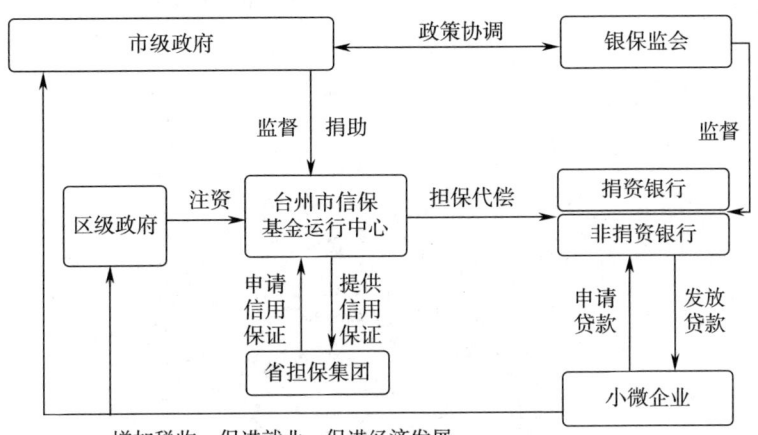

图 C-5　台州市信保基金运营框架

2. 服务对象。台州信保中心的服务对象为优质成长型小微企业,延伸至个体工商户以及农户个体。通过研发专项产品、与商业银行合作,帮助银行开拓业务,开发边缘客户,从而实现服务小微企业的目的。

台州信保中心的服务范围包括台州市本级(包括台州湾循环经济产业聚集区和台州经济开发区)、台州主城区(椒江区、黄岩区、路桥区)、台州县级市(临海、温岭、玉环)、台州县区(三门、天台等),区域的全覆盖推动着普惠金融服务发展。

3. 业务监管。台州市政府作为出资部门,参与信保基金运行的监管工作。银保监会结合政府政策,出台相应的措施指导金融机构妥善解决小微企业的信贷问题。一是规范担保业务经营行为,为银行的放贷业务提供政策保障;二是推进信保中心与银行的合作,深入破解小微企业担保难题。

(二)业务模式

台州信保中心的具体业务模式为企业向银行提出贷款申请,经银行初步审核后提交给台州信保中心,台州信保中心通过内部审核出具保证书,最后由银行向企业发放贷款,即台州信保中心间接为企业提供担保,为银行提供代偿，保费由银行代为收取（见图C-6）。政银融合互惠互利，合力破解小微企业融资难题。

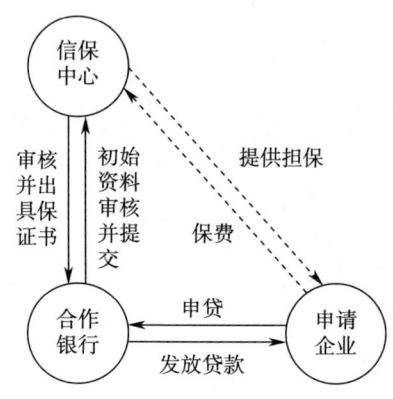

图C-6 业务流程图

1. 市场化运作。通过银行的市场营销获得客户。台州信保中心采用间接保证的方式，由银行直接挖掘客户，因为银行对客户市场更为了解且更具经验。

借助银行间的市场竞争提高对小微企业的融资服务水平。不同类型的银行吸引不同层次的小微企业，从而实现业务分流。这一现象将推动银行进一步提升对客户的服务水平以及潜在客户的挖掘动力。

利率市场化。银行间通过利率的高低竞争客户，利率市场化也成了小微企业融资贷款的一大福音。

2. 公益性平台。信保基金为小微企业降低融资费用，体现了其公益性。

台州信保中心的担保费率目前定位在0.75%，远低于台州融资性担保机构的担保费率（见表C-2）。台州信保中心收取的保费主要用于经营成本，包括支付再担保保费、职工薪酬以及日常运营开支等。对于政府扶持的特定行业、企业与特殊人群，甚至采取零收费的方式。

表C-2 各担保机构保费比较

担保机构	台州信保中心	国有担保公司	一般担保公司	台湾信保基金
担保费率	0.75%	1.5%	2%~3%	0.75%~1.5%

另外，台州信保中心限制合作银行的贷款利率上限，使其提供较低的信用贷款利率，解决企业融资贵的问题。

3. 规范化流程。台州信保中心在审核过程中，根据小微企业的特点，不仅注重财务报表的内容，同时也将重点放在核实企业的销售、纳税、征信及其他"软信息"上，建立业务审核的"三查询"（人民银行征信系统、全国法院被执行人信息、台州市金融服务信息信用共享平台查询）、"五核实"（核实主体资格、经营状况、信用状况、资产状况、申请业务状况）流程。

（三）风险控制

在风控方面，台州信保中心采用了系统性的风险控制技术以及较为完善的代偿机制（见图C-7）。

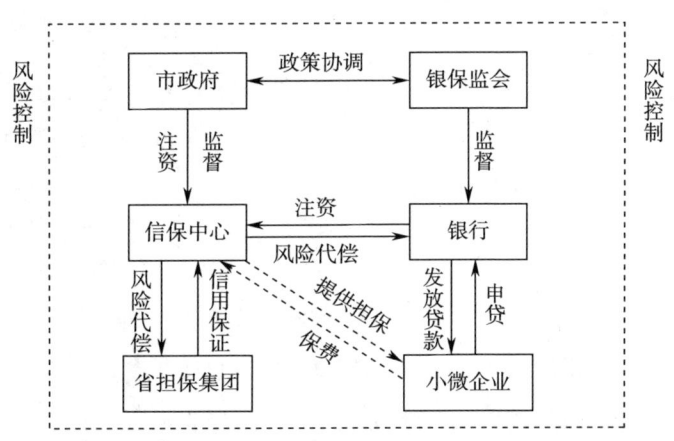

图C-7　风险控制

1. 风控原则。台州信保中心按照"总额控制、市县联动、统分结合、权责对等"的运作模式，借助四大风险控制方式来控制基金保证额度。

总额风险控制。台州信保中心提供的银行信用保证额度按照不超过基金净值的10倍放大。

合作银行单独风险控制。捐资银行按不超过捐资额的60倍使用基金保证额度。所有非捐资银行信保业务在保余额的总和按一定上限予以控制。

风险控制体系统分结合、相对独立。金融机构出现一定程度的代偿后，可采取警示、暂停新增业务等措施，具体的代偿风控指标及措施由台州信保中心根据每年实际情况报理事会同意后予以执行。一般会遵循逆周期的操作思路，适当扩大风险容忍度。

建立信保基金风险责任追究制度。防范信保中心、银行、借款人的道德风险。

2. 风险代偿。台州信保中心为企业提供担保后，与浙江省担保集团进行再担保，向其缴纳40%的保费收入，浙江省担保集团将为台州信保中心代偿50%的金额。同时，信保中心与合作银行按照一定的比例代偿。为了保证内部资金的可持续性，信保中心向企业收取0.75%的担保费。不仅降低了合作银行因担保产生的道德风险，保障银行在担保贷款业务上做好风控管理工作，提高担保贷款业务的安全性（见图C-8）。

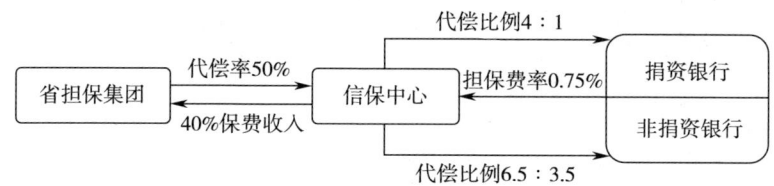

图C-8 代偿流程

风险共担。台州信保中心与银行采取风险共担模式，一旦出现损失，台州信保中心与捐资银行的风险承担比例为4:1，与非捐资银行的风险承担比例为6.5:3.5。

风险分担。台州信保中心与浙江省担保集团建立合作，符合要求的信保中心业务将在限额内由省担保集团再担保，若信保中心产生了代偿，省担保集团将为其分担50%的风险，有效增强了信保中心的抗风险能力。

风险补充。为了调控地区和银行之间授信担保额的不平衡，也为了防范道德风险的产生，县（市、区）、银行分别在基金代偿金额达到出资及捐资金额的50%时，及时进行信保基金的补充。

3. 风险分担机制。台州信保基金自成立以来,在多方面实行风险分担机制。政府带领引导,并推动金融机构积极参与,充分发挥了普惠金融在实体经济发展中的保障作用。

政府与银行的出资分担。台州市、区两级政府与银行按照4:1共同出资。预计二期资金将扩容至15亿元,银行出资3亿元,省担保集团和台州政府共同承担12亿元(省担保集团出资5亿元)。

台州信保基金与银行的代偿分担。若出现担保代偿,台州信保基金与捐资银行分别承担80%、20%,台州信保基金与非捐资银行分别承担65%、35%。通过风险分担,一定程度上对银行进行约束。

台州信保基金与浙江省担保集团的代偿分担。台州信保基金向浙江省担保集团缴纳40%的保费收入,省担保集团为台州信保基金提供再担保,分担50%的风险。

4. 逆向选择和道德风险。台州信保基金防范逆向选择。当银行向借款企业提出超过一定水平的担保要求时,实际上削弱了借款企业的还款能力,反而给银行带来更大风险,得到的回报也更少,这时便出现了逆向选择。台州信保基金通过一系列限制银行的措施来避免逆向选择:银行与台州信保基金合作的贷款项目不得追加第三方担保,且对贷款利率进行限制。其中,信保基金规定捐资银行的利率上限为8.5%,非捐资银行的利率上限为6.5%。

台州信保基金规避道德风险。由于台州信保基金无法得知企业获得贷款后的行为,此时台州信保基金便面临着道德风险。为了规避道德风险,台州信保基金设立了风险预警机制,即当银行出现一定程度的代偿后,台州信保基金会采取警示、暂停业务等措施督促银行加强对借款企业的监督。

三、成效分析

2019年4月11日至2019年5月11日,我们对台州信保基金和银行工作人员以及申请企业负责人进行问卷调查,采用单因素方差分析从而了解三方对台州信保基金的成效评价。有效问卷179份，其中，信保基金人员35份，占19.6%；银行人员76份，占42.5%；申请企业68份，占38%。三类调查主体的数据分布较为均匀。通过数据分析，可见信保基金在服务小微企业、商业银行方面已具成效。同时，信保基金在一定程度上发挥功效，凸显社会效益，其首创的"台州模式"为"小微金改"和普惠金融的发展提供可推广、可复制的借鉴意义。

（一）服务小微企业

台州信保基金在服务小微企业方面，主要有信保满足度、信保受益范围、信保代偿率这三个评价指标。

1. 信保满足度有待提高。信保满足度是指小微企业获得信保基金担保额度占其担保贷款总额的比例。

根据实地调研数据分析，获得保证贷款额度在300万元及以下的企业共有51家，占总数的75%，其次为300万—500万元，共有11家，占总数的16.1%（见表C-3）。

表C-3 企业获得保证贷款额度的频率分布

担保额度	频率	百分比（%）	累积百分比（%）
300万元及以下	51	75	75
300万—500万元	11	16.1	91.1
500万—1 000万元	4	5.9	97
1 000万—2 000万元	1	1.5	98.5
2 000万元以上	1	1.5	100
合计	68	100	—

另一个较为重要的数据是信保担保额度占企业总贷款需求比重的频数分布。其中，该比重在10%~30%的企业共有24家，占总企业数的35.3%，另外两个较大的占比区间是10%以下和30%~50%，分别占比25%和20.6%（见表C-4）。

表 C-4 信保担保额度占企业保证贷款需求比重的频率分布

比重	频率	百分比（%）	累积百分比（%）
10%以下	17	25	25
10%~30%（不包括）	24	35.3	60.3
30%~50%（不包括）	14	20.6	80.9
50%~80%（不包括）	9	13.2	94.1
80%以上	4	5.9	100
合计	68	100	—

采用数学差值的方法，我们对台州信保基金担保满足度进行估算，发现当前信保满足度为18.3%，这意味着信保基金的满足度仍处于较低水平。由此表明，台州信保基金还有进一步服务小微企业的空间。若将满足度提升到30%，则台州信保中心需要增加约1.35亿元担保额度，台州信保中心可以此为参考，结合自身经营状况，提升信保满足度。

2. 信保收益范围显著扩大。2015年末，台州信保中心的服务企业有936家；2016年末，服务企业2 921家；2017年末，服务企业6 675家；2018年末，服务企业13 365家。2019年末，服务企业19 011家。可见，在服务企业的数量上，增势较为明显。

台州信保中心服务群体延伸至农户，其中累计承保27.27亿元，服务农户7 727人，户均在保30.81万元。信保基金受益范围的增大，有利于推动普惠金融的发展，满足了更多群体的需求。

3. 信保代偿率稳定可控。2015年末，信保基金年度代偿163.52万元，占年底在保余额的0.14%；2016年末，信保基金年度代偿569.92万元，占年底在保余额的0.21%；2017年末，信保基金年度代偿2 973.42万元，占年底在保余额的0.56%；2018年末，信保基金年度代偿2 437.42万元，占年底在保余额的0.32%。另外，2018年末，还有风险预警项目20笔，承保金额1 643.3万元，整体风险占在保余额的0.22%。2019年末，信保基金年度代偿4 675.64万元，占年底在保余额的0.66%。2019年的数据略低于全市银行业贷款不良率,这也反映了信保中心在风险控制方面较为成功。

(二) 服务商业银行

台州信保基金在服务商业银行方面主要有激励业务拓展、促进金融产品开发这两个表现突显其成效。

1. 激励业务拓展。台州信保中心与银行合作,在一定程度上为银行分担了大量的风险,使其更愿意考虑边缘客户的开发,从而拓展业务。以银行人员为样本,认为台州信保中心对银行业务拓展起到帮助作用的平均评分为4.30,即银行能够借助台州信保中心拓展一定的业务。

2. 促进产品开发。银行以信保贷这一金融产品模式向客户推荐信保基金,从某种程度上也为银行开发新的金融产品提供思路。以银行人员为样本,认为台州信保中心对银行开发金融产品起到帮助作用的平均评分为4.24,说明台州信保中心在一定程度上能够促进银行金融产品的开发。

(三) 发挥信保基金功能

台州信保基金作为全国首个小微企业信保基金,在发挥自身功能方面主要有解决担保困境、实现公益性、发挥社会效益这三个表现突显其成效。

1. 解决担保困境。在解决担保困境方面,我们选取了两个指标:"缓解融资贵问题"、"解决担保难问题",并对两个指标进行单因素方差分析。

缓解融资贵问题。在合作银行利率上,台州信保中心对捐资银行设置上限8.5%,非捐资银行放贷上限为6.5%。推动捐资银行与非捐资银行共同竞争,好的客户流向利率低的银行,同时能为企业减少相对的支撑资金,有效缓解融资贵问题。三个主体的均值都相对较高,其中信保人员达到了5分的均值。此外,虽然银行人员与申请企业相比信保人员的均值较低,但总体来看处于较高的分值。可见三个主体对"缓解融资贵问题"这一指标的评价是较高的(见表C-5)。

表 C-5　缓解融资贵问题的单因素方差分析

主体（I）	均值	主体（J）	均值差（I-J）	标准误
信保人员	5.00	银行人员	0.763 **	0.154
		申请企业	0.809 **	0.157
银行人员	4.24	信保人员	-0.763 **	0.154
		申请企业	0.046	0.126
申请企业	4.19	信保人员	-0.809 **	0.157
		银行人员	-0.046	0.126

注：** 表示均值差的显著性水平为0.01。

解决担保难问题。信保基金提供免抵押、无须第三方担保的模式，有效解决企业担保链的问题。在该指标的评价中，信保人员仍旧达到了5分的均值，银行人员与申请企业同样也与信保人员的评价存在一定的差距，但是总体来看两者的评价均值相比"缓解融资贵问题"这一指标有所上升。由此，我们也可以得出信保基金在解决担保难问题上有显著成效（见表C-6）。

表 C-6　解决担保难问题的单因素方差分析

主体（I）	均值	主体（J）	均值差（I-J）	标准误
信保人员	5.00	银行人员	0.697 **	0.157
		申请企业	0.779 **	0.160
银行人员	4.30	信保人员	-0.697 **	0.157
		申请企业	0.082	0.128
申请企业	4.22	信保人员	-0.779 **	0.160
		银行人员	-0.082	0.128

注：** 表示均值差的显著性水平为0.01。

2. 体现公益性。为了分析信保基金的公益性，我们选取了"担保费率低"这一指标进行单因素方差分析。

由于银行的利益与担保费率并无关联，因此银行对于"担保费率低"的评价更为客观。将均值换算成百分制，则信保人员的均值为98.2，银行人员的均值为84.4，申请企业的均值为81.2。以银行人员的均值作为参考，申请企业的均值与其差距仅为3.2，足见银行人员、申请企业对信保基金公益性的认可程度高（见表C-7）。

表 C-7　担保费率的单因素方差分析

主体（I）	均值	主体（J）	均值差（I-J）	标准误
信保人员	4.91	银行人员	0.677**	0.156
		申请企业	0.855**	0.159
银行人员	4.24	信保人员	-0.677**	0.156
		申请企业	0.178	0.127
申请企业	4.06	信保人员	-0.855**	0.159
		银行人员	-0.178	0.127

注：** 表示均值差的显著性水平为 0.01。

3. 发挥社会效益。基于企业样本分析信保基金发挥社会效益的情况，我们选用了"扩大企业经营规模""提升企业经营信心""提高当地就业率"三个指标。

此处申请企业的均值都在 4 分以上，表明申请企业对这三个指标较为认可。其中"提高当地就业率"的评价均值相对较低。由此可见，信保基金在较高程度上能够扩大企业经营规模、提升企业经营信心，并对提高当地就业率具有积极影响（见表 C-8）。

表 C-8　社会效益的单因素方差分析

指标	企业的均值	标准差
扩大企业经营规模	4.25	0.720
提升企业经营信心	4.21	0.764
提高当地就业率	4.10	0.756

4. 信保基金的"台州模式"。小微金融"全国看浙江、浙江看台州"，小微金融的台州模式成为公众关注的焦点。

发展成效。自台州信保基金运行以来，截至 2019 年末，台州信保中心累计担保授信 33 245 笔，承保金额 332.95 亿元，服务企业 19 011 家，在保余额 97.94 亿元。实现了首期出资规模的 10 倍放大，是目前浙江省内规模最大的服务小微企业的担保机构。在一定程度上解决了小微企业融资难、融资贵、担保难等问题，并且受到社会各界的广泛好评，被选为浙江省"2016 年十大服务小微企业优秀项目"。

"台州模式"基于上述理论,可以总结出信保基金的"台州模式",概括为"一个主题,二元投资,三级分担,四大风控"。

一个主题。信保基金的成立主要围绕一个主题即解决担保难题。其中担保难题主要包括担保累,担保贵,担保链三个方面。信保基金分别解决了银行惜贷、贷款利率或保费高以及担保链风险大的难题。

二元投资。信保基金由政府与银行两个主体共同投资,出资金额比例为4:1。此外,当基金代偿金额达到出资金额的50%时,政府和银行应及时进行信保基金的补充。

三级分担。信保基金为企业提供担保,一旦出现代偿,由信保基金、合作银行、省担保集团三方共同分担风险。其中,信保基金与合作银行按4:1的比例代偿,省担保集团按50%的金额为信保基金提供再担保。

四大风控。总额控制:信保中心把对银行的担保额度控制在基金净值的10倍以内。单体管理:捐资银行按不超过捐资额的60倍使用基金保证额度。所有非捐资银行信保业务在保余额的总和按一定上限予以控制。风险预警:金融机构出现一定程度的代偿后,可采取警示、暂停新增业务等措施。责任到人:防范信保中心、银行、借款人的道德风险。

可复制可推广。2015年至2019年底,温州、江苏泰州、山西阳泉、嘉兴、吉林通化等地陆续成立信保基金,其中吉林通化2018年下半年多次来访我市中心调研,在当地规划建立信保基金推动普惠金融服务小微金融的发展,并且嘉兴发展较快成效显著。目前衢州、湖州、金华还在学习筹备之中。

2018年10月,国家融资担保基金调研组到访台州市信保中心调研,就推进加快形成政府性融资担保体系、建立政银担风险分担机制等方面开展座谈交流,深入学习"台州模式",在做法上部分参考台州模式。截至2019年6月末,台州信保基金累计实现再担保合作业务规模1 462亿元,担保户数超过8.5万户,并与12家全国性银行签订合作协议,加快推进政府性融资担保体系的构建,共同服务好小微企业、"三农"、"双创"等普惠领域。

四、启示

上述分析及评价表明,台州信保基金的运作方法不仅能够带来显著成效,而且具有实际借鉴意义。

1. 坚持非营利性。台州信保中心坚持非营利性的定位,以无抵押、保费低为企业解决担保难、融资贵问题。一般担保公司通过收取较高保费获得盈利,而信保中心作为非营利性组织,其费率固定在0.75%,收益仅用于维持日常经营。对于部分受到政策扶持的行业、企业,台州信保中心免收保费。

2. 扶持小微企业。台州信保中心以优质成长型小微企业为服务对象,并促使其规范化管理。一方面,实现贷款上的"个转企"。台州信保中心摒弃个人贷款方式,要求申请人以企业的名义进行贷款,从而引导小微企业重视财务上的规范和企业信用建设。另一方面,倒逼企业转型升级。台州信保中心结合相关政策(如"三改一拆"),对不达标企业实行差异化审核,从一定程度上倒逼企业转型升级。

3. 立足政府导向。政府的主导地位促使信保基金的成立与发展。信保基金的创设是台州市政府结合当地现状、借鉴台湾地区经验的成果,其业务的顺利展开也离不开政府的大力支持。台州市政府不仅在其成立初期提供一定的资金,同时也针对台州信保基金的实际发展需求形成了资金补充长效机制。

4. 市场化运作。台州信保中心与银行合作从而获得准确的客户市场。一般的担保公司存在获客难问题,信保中心则借助银行固有的市场推广获取客户。此外,银行自身具备较为专业的信贷风险把控技术,在银行向信保中心推荐客户前,银行将对客户进行前期调查,信保中心在此基础上进行审核,能够有效降低审核风险,确保审核的客观性与高效性,获取精准的客户市场。

5. 防范道德风险。台州信保中心通过对合作银行的风险共担和单独风控解决银行的道德风险问题。信保中心与银行按 4:1 的比例承担损失,使银行在对企业进行初审时不会降低审查和监督标准。此外,通过限定担保额度上限并设置警示线、暂停线迫使银行做大业务量从而降低不良指标,因为银行不愿承受担保暂停带来的损失,所以不得不重视代偿率的控制。